宅典

八駿居士◎著

改變宅氣運勢

打造旺運格局

目 錄 CONTENTS

居處與人生

宅理與命理的關係

居家偏好與財運的小測試

住宅與個人運氣的關係其實並不神秘，這種關係緣起於每個人的性格與隨之而來的選擇，亦緣起於每個人與生俱來的生理和心理，反應讀者可以從下面這個測驗裡稍作印證：

以下五種居家條件，選出自己最喜歡的一種。

A、適合兩人世界的溫馨小窩
B、每個房間等面積，都很舒適
C、坐北朝南、是一座旺宅
D、重視單人獨立空間的設計
E、寬闊、無多隔間的西式房子

做完這個測驗，您是否可以明確感受到，對於住宅類型的偏好顯示了您的理財傾向呢？事實上，人人都能從一些基本的觀念裡了解到住宅與人生的關聯。

答案：

A、對於錢的觀念是：「錢是用來花的，不是用來存的」，由於這種思想，對於想要的東西，一定非買不可。建議此種人要自己克制一些，做些適於自己感覺好的工作，如此會增加財運。

B、個性倔強，對金錢極為敏銳，懂得理財，賺錢能力也很豐富。若能留心積財，財產會像滾雪球般愈滾愈大。

C、是個一心一意想賺大錢的人，正因為如此，常常容易遭受到一些意想不到的破財。

D、是個很有經濟頭腦，金錢觀念很發達的人，因此很會存錢，表面上看來似乎不大節儉的樣子，卻會在不知不覺時存上一筆錢。

E、沒有明確的金錢儲蓄觀念，只有在需要用錢時，才偶爾感覺到錢的重要，或多或少儲蓄一點錢。

住宅的內在

我們在屬於我們自己的住家裡面，日復一日地過著自己選擇的生活。也許您並未意識到，在我們選擇住宅的當下，便已同時選擇了自己的生活方式，住宅本身正隨著日月流轉，潛移默化地改變著我們的生活方式。

國人對住宅的重視程度是其他國家的文化所無法比擬的。一方面是因為古代延續下來的傳統，十分強調住宅對個人命運的影響；另一方面，隨著科技逐漸發展，強調居住環境的人性化，而人們對居住環境的重視也有利於身心健康。

我們可以從中式和西式兩種不同風格的建築背後，去觀察它們所體現出的兩種文化。林語堂先生曾說過：「中國建築的基本精神是和平與知足，其最好的體現是私人住宅和庭院建築。這種精神不像哥德式建築的尖頂那樣直指蒼天，而是環抱大地，自得其樂，哥德式教堂暗示著精神的崇高，而中國廟宇宮殿則暗示著精神的安祥和寧靜。」

這種精神上的安祥和寧靜指導著中國傳統的住宅哲學。中國式住宅的本意是靜默養氣，安身立命，是指生活和精神有所依託。

根據《天隱子》，所謂的安處，並不是華堂深宅，重褥寬床，而是指能在南面靜坐，東首安寢，陰陽適中，光線明暗相伴。屋也不要太高，高則陽盛而明多；屋也不要太低，低則陰盛而暗多。因為住宅內過於光明就容易刺眼而煩燥，過於陰暗又會壓抑內心，明暗過度，人的精神自然會失衡，那麼疾病就會產生。居室之處尚且出現這種情況，何況天地之氣，難道不該更謹慎地防範！修養是循序漸進的，倘若不按這種方法去做，就不是安處之道。

居室四邊都開設有窗戶，起風就關窗，風停便開窗。靜坐的地方，前面掛著簾子，後面設有屏風，光線太強便放下簾子來調和室內的光線；光線太暗便卷起簾子以通外光。這樣便能達到內以安心，外以安目，心目兩安，進而自身安定的目的。

每個地理區域都會有自成的氣候特點以及風俗習慣，故在選擇住宅的時候，必要因地制宜，做到防潮、防熱、防風、防燥，格局與氣候相宜，日照時間、風力風向要均勻，調和四時的陰陽。

我們周圍如有這樣的好宅，能站在其窗前佇立片刻，觀風看雲，或讓陽光曬著背部，傾聽四周的聲音，對內部的明暗、曲折之處進行著比較，領略著養怡之福，便可得永年的奧秘，知道如何預測住宅本身將給人帶來的改變。

再用林語堂先生的話說：「最好的建築是這樣的，我們居住其中，卻感覺不到自然在哪裡終了，藝術在哪裡開始。」

住宅影響人生

在我國傳統住宅哲學中，特別講究住宅的格局與各種裝飾的象徵意義，希望能夠給自己帶來好運。先給您簡單介紹幾個需要注意的要項：

1. 離不開光明

好宅最講究的是陽光充足、燈光明亮。明亮的客廳主家運旺盛，一切如意；臥室不宜選擇太暗的色調，以免帶來黯淡的家運。陽臺上不宜擺放太多、太高或太濃密的盆栽，以免阻礙光線。

2. 地板不宜高低不平

有些家宅由於先天地形及地勢，也有家庭基於某些「美學觀念」而將地板設計成高低層次，殊不知地板的高低不平會影響我們在家中放鬆的行為，稍不留神就會磕磕絆絆，對住戶只有危害。

3. 不宜入門先見餐廳

錯誤的房屋格局，總易帶給人格格不入的感覺。入門便見餐廳，容易使主人產生回家後仍然精神緊張，因為餐廳中畢竟沒有沙發，而且如果接待客人的時候，也易給人不舒服的感覺。

4. 房門不宜相互直對或直沖衛浴

房門相互直對或直沖衛浴，總會給房主增添晦氣的感覺，心中的不快必然會帶到工作、生活中造成不如意。因此，最好用屏風或櫥櫃隔開，以便轉運而迎祥納福。

5. 對角不宜掛鏡子

對角安鏡，容易使您身處不安全環境的感受與日俱增，進而讓您不能集中精力投入於事業的打拚。

6. 魚缸不宜過大

客廳的魚缸過大，不僅會因為過分吸引他人的視線，而破壞客廳的和諧感，而且還會增加主人不必要的開銷。

7. 不宜懸掛陰性照片

有些家庭喜將夫妻恩愛照片甚至裸女、春宮畫，掛在客廳上，殊不知這並不合適，除了特殊情況，事業成功者並不宜此類牆面裝飾，假如商業上的夥伴前來拜訪，肯定會造成氣氛上的尷尬。

8. 猛獸圖像不宜亂掛

客廳如懸掛白鶴、鳳凰、雞或麒麟、烏龜等吉祥獸類，一般來說無妨，但如果懸掛龍、虎、豹、鷹、狐、熊等猛獸時，則須徵詢其它家庭成員的意見，畢竟這種氣勢逼人的擺設給人太凶、太緊張的印象。

9. 避免假花假草

常見有些家庭喜在客廳中擺放許多假花假草，表面上看來雖然賞心悅目，但如果屋主稍不小心，很可能被假花假草劃傷，這種情形易造成屋主財運不濟。

10. 屋內不宜滿

客廳如塞滿古董、傢俱或雜物，會造成宅內空氣的不流通，則容易影響家人健康，使人氣血不通，健康衰敗，諸事不順心，甚至失卻家人健康的穩定性。

傳統的居住哲學，有許多的禁忌和講究，我們在接下來的內容中還會向讀者介紹。這些都是我們的先人根據幾千年的實際經驗累積下來的，而且已經有不少內容已經得到了科學上的證實，如果您在居所當中，也能夠遵守這些規則，相信會對您的生活有所幫助。

家居擺設與愛情能量

愛情道路上並非一帆風順？也許，您只是用錯擺設。要知道，您的家居情形也悠關愛情，而如何在生活空間的陳設中儲蓄愛情能量相形重要。只要掌握如何巧妙地給自己的住宅增添富有情趣的裝飾，愛情能量就能源源不斷了！

一、需要扔掉的東西

1. 和過去情人有關的東西

為了開展一段新的戀情，切莫與過去的能量糾纏不清。所以，痛快一些，處理掉那些舊情書、情人送給您的禮物以及和逝去戀情相關的一切東西。

2. 代表單身的裝飾與擺設

如果您已準備好擁抱愛情，便必須把那些代表著您單身的物件處理掉，如果您有一張昂貴的自畫像的話，不妨收起來……讓它孤單地懸掛在房間裡，只能帶來單身的能量！如果您的床頭上只有一個床頭櫃，而且其他所有的空間都堆滿了您的個人雜物……亦不利於愛情的發展，您必須預留一些餘裕給兩人世界，否則愛情能量將顯多餘。女性的房間裡佈滿了諸如蕾絲、香水類的物件，或是男性的房間堆置著自己的男性收藏……都是令異性無法久待、排拒他人的做法。

3. 過於孩子氣的裝飾

既然您已經是一個成年人了，有些東西便應該要放手了。

4. 令您分心的裝飾

將那些會使您分心的物件搬走。如健身設備、和工作有關的東西、家用電器以及電視等。當然，您仍然需要這些東西，我們只是提醒您將這些東西從您的愛情領域中移開。

5. 給人壓迫感的東西

尖尖的、多角的或破舊的東西會帶來壓迫感，久處其中必感不自在，所以，還是把仙人掌搬開吧。

二、需要增加的東西

1. 空間

為了愛情能量能源源不斷地向您流動而來，空間是非常重要的。所以，您可以為愛情能量清理出些空間來。如將電冰箱空出一半，清理出一半衣物，讓衣櫥也空一些，還有抽屜也不要忽視了；另外，最好讓另一頭的床頭櫃空著，或者，放一些吸引人的溫馨擺飾。

2. 成雙成對

這裡的道理就不用再說了，將那些孤零零的物件換成成雙。

成對的東西吧！如一對愛情鳥，一對營造浪漫的美麗的燭臺，
石英質地的兩顆心等，都可以給您帶來愛情。

3. 令人放鬆的物件

　　巧克力、蠟燭、按摩油、香檳、質地好的床單、浴袍、潔
淨的浴缸，以及粉紅色的裝飾，在傳統住宅學裡，粉紅是愛情
的顏色，可以為您增加愛情的能量。

4. 圓形的裝飾

　　有曲線的東西和身體貼近，可以為您塑造溫馨美滿的氣
氛。準備好了這些，您就會有足夠的自信能掌握住即將到來的
愛情了！

裝潢設計須知

關於住宅與人的討論若以今天的語言來表達就是「生活環境學」。人擺脫不了環境的約束，但人可以主動地選擇和建造適合自己生活的環境。現在，不少的建築設計師，往往因為現實條件的約束，或者是一種錯誤觀念的引導，又或者是盲目地迎合消費者不正確的要求，設計出了許多違反人類自身條件所能接受的房屋，從而造成了許多疾病。許許多多的經驗告訴我們，不少人因為房屋設計的不科學、不人性化，從而直接影響到日常作息，產生了平時所沒有的疾病與壞心情，而改變設計後，則感到身心改善。從而證明了這是建築設計的問題。

筆者並無意得罪設計師們，而是深深感受到，怎麼巧妙運用設計才能改變現實的狀況。為了更好地為人類的健康服務，我們應該攜手，共同創造出適合人類健康生活的優良房子來！

住宅大門不宜對房門，特別是兩門都大開的時候，更令居住者有暴露隱私之患，所以您需要將其中一門關上以保證自己的安全。

大門不宜直對樓梯，尤以樓梯向下為不利，大門對著走火通道之樓梯，且防火門未關上，便屬不吉，不利於屋主及財運，最簡單的方法是把防火門和自己的大門也關上(從消防安全的角度，防火門是必須關上的)。若防火門不便關上，可以在大門前掛上一凹鏡以作化解，以免散財破耗或不聚財。

睡床不宜對沖房門或廁所門，睡床若是對著房門的話，因房門常攪動氣流，及發出聲音，影響入睡的人，所以在環境來說，睡床對著房門的人，容易失眠及神經緊張，最好的化解法，是更換放床的位置。

橫樑不宜在睡床或書桌上，試想當您工作或休息的時候，總有一種凸起物在您的頭頂上，便會感到無形的壓力，令生活越發辛苦，所以最好把床或寫字檯搬到另外的地方。

睡床不宜直對鏡子，有些人喜好在睡房裝置大塊鏡片，或是房內藏有試身鏡，裝好後卻發現此舉影響到自己的睡眠，因為稍有光線就從鏡中反射，使人心神不寧。

爐灶不宜直對水龍頭，一般的廚房的空間都不大，因此廚房勞作，很容易沾到水或被爐灶燙傷，解決方法是爐具不宜與水龍頭相對，宜稍為斜放爐具，避免兩者相剋。

避免屋簷滴水，如您所住的房子樓上時常滴下冷氣水，受水聲所困擾的話，不免會有懷才不遇及心煩意燥的現象出現，最好之方法當然是請樓上的住戶自律，若無效可考慮在冷氣機上放一層布，以減低水滴的聲音，避免令人精神緊張。

避免屋外強光入宅，有些房屋之窗外為霓虹招牌，令屋內非常光亮，對身體會造成不良影響。最好是掛上加厚的窗廉，以擋強光入宅。也可以調查發光招牌有沒有違法，如若違法，可向有關方面要求拆除。

14

小心「房屋病」

《皇帝内經》曰：「盡其天年，度百歲乃去。」意思是說，人的正常壽命應該在百歲以上，這才是人們應該享盡的天年，如活不到百歲，表示未遵從養生的道理，就算「夭折」了。

房屋與人的健康有關，這並不是新鮮的論調，廿一世紀人們開始關注於此，更是基於更深一層的科學觀察。就住房規劃、設計和建造角度說，如任意使用污染性的建材，又不考慮

日照與房屋間距，過度開發，便會造成難以彌補的惡果，人們已親身經歷，所謂的「房屋病」就是從此而生。筆者在此提出「房屋病」的概念，是希望房地的消費者與生產者能夠加強對房屋與健康的關係之認知，對這方面的討論與判斷更加敏銳，提高我們對住宅品質的要求水準，使相應的標準和法規獲得輿論的推動。房屋作為人之存在的居所，本是人之存在的一部分，因此所有的物事與人的生活和人本身都組成一個有機的體系。「有病的房屋」使人有病，而「有病的人」亦反映著房屋的「病」，兩者可謂相互作用、互為因果，不得不審慎看待其嚴重性。

我們可以舉氣場對靠西邊臥室之影響為例，這種情形下室內外溫度必有溫差，溫度的變化引起氣流，就是風。這種風吹到人體，不一定感覺得出來，但它仍作用於人的身體器官和經脈血絡上。傳統住宅學中的「風」非常重要，八面的來風會對人的不同器官產生不同影響。如果外牆臨靠其他住宅，溫差看似沒有，但是氣流和氣場仍然起作用。

另一種解釋關於地球上密佈南北走向的磁力線，不少醫學專家認為人體是一個小宇宙，也存在一個磁場。頭和腳就是南北兩極，人在睡眠的時候，最好能採取南北向，和地球磁力線同向，能使人在睡眠狀態中重新調整由於一天勞累而變得紊亂的磁場，對身體健康極有好處。如果住在方向不正的屋子裡，磁力線必然是斜向經過您的身體，雖然不見得有什麼大礙，但總不及前者理想。

當然，這種「房屋病」也是完全可以防範和治癒的。不需要吃藥、打針，也不需要對房屋作「傷筋動骨」的改造，只要對房屋的使用方式作適當的調整，就能使「房屋病」的患者症

狀得以緩解，乃致痊癒。比如針對「致癌」的房型，最簡單的就是把床的位置挪換一下，讓頭朝南或北就可以，或者可以改換臥室，睡在有益身心的房間裡。

大多房屋病的「製造者」，即為房地產界所依賴的規劃師、建築師和室內設計師們。同時，還包括那些不懂得如何正確使用房屋而導致「房屋病」的屋主自己。古人比較重視氣場、風和水，重視環境的協調性，比如選擇避風處蓋房子、講究整個環境的佈局，不像現在太急功近利，不曾做到真正以人為本，從健康安居的角度為居住者考慮，從而正確設置住區和住宅佈局，尊重並考量每一住戶的身心需求。

為了便於讀者理解，我們可舉出一些病例，比如：孩子夜哭便是典型房屋病的一種。它大多是由孩子所身處的房屋環境所引起─聲環境、溫濕度環境、氣流氣壓環境等的不協調所引起，只要調整一下房屋的環境，大多能解決孩子夜哭的問題。

再如：頭暈、多夢、失眠，也多可歸因於房屋病。人們同他們所處的聲環境、溫濕度環境、氣流環境、構成環境、方位環境不相協調，是導致睡眠障礙的直接原因，略加調整，也許失眠便能迎刃而解。

而心煩意亂者也應注意房屋內環境的影響。橘紅色多的居家環境雖然充滿生氣勃勃，但是過多的橘色，也會使人心生厭煩，因此居家佈置時亦須注重色彩。木材原色是最佳的色調，使人易生靈感與智慧，尤其推薦運用於書房。總之各種色調不可過多過重，以感受協調、比例恰到好處為原則。

住宅設計應該避免的問題

傳統的住宅哲學不是迷信，人與世間萬物的生命皆與自然界有緊密的聯繫。可是大家對相關議題似乎都一知半解，筆者不妨具體說一說這當中的門道。

一般來說，房子不能亂改，應在看屋時就要注意避免這種問題的發生，如果您已經買了房子不滿意，也不能隨便改動其原本的結構，盡量從空間設計方面去彌補戶型設計留下的缺憾。

所有的門不能直沖，大門直沖會使屋主行動不便，所以要有阻。以前的四合院都有照壁，就是基於這個道理。進門口一般來講都需要有檔，檔的方位引導出人的走向應順時針而動。

家的大門口一定要亮。門戶陰森閉鎖的房子不好，代表人的心態不開放、不坦然，也象徵著屋主的不安全感。

如讓大門直對客廳，又讓客廳沙發和餐台相近，無論從傳統住宅學還是從交通處理都不妥，實際上也浪費了空間。家本來就是一個有局限性的空間，人對空間大小的感受本來就是有一定尺度的，人們多以為不隔擋就能營造空間感，這是一大迷思。大的空間感只能在一個限度、有對比的範圍內才能產生。

在大門的旁邊做一個玻璃牆面的隔斷，不會一進大門之後一覽無遺，也符合傳統住宅學。隔斷的處理可以正對大門做一個類似照壁的形式。

最基本的是房子設計要舒服要有美感。美感舒暢本身就是傳統住宅學的一部分。傳統住宅學不是迷信，風水就是風調雨順的意思。

臥室、廚房及衛浴都是最重要的，浴室最好要有窗戶，沒有窗的浴室不夠理想。最理想的浴室甚至可以比臥室大，因為它是讓人真正放鬆的空間。

現在住宅中的浴室多半沒有窗戶，這是非常不合理的。讓浴室隱蔽在一個沒有窗戶的角落，即使不從傳統住宅學講，就是從空氣的流通上來看，都不盡理想。建商為了推銷房子，常告訴消費者，抽風機一樣可以達到通風的效果，但抽風機的通風效果畢竟不比開窗。

現在住宅常附有兩間浴室，其中一個多半沒有窗，建議應好好處理浴室的採光和通風問題。

廚房不能關起來。主婦做飯的時候應該看到在客廳裡玩的小孩，洗碗的位置則盡量靠近窗臺，勞動時才能感到愉快。

空間設計考慮使用的功能之後，第一要講究採光，最大限度地利用好房子的光源，千萬不要有所損失。有些房子採光不好，可以用鏡子和玻璃的材料彌補，顏色一定要儘量淺。第二要有氣，氣是透氣，房子不僅要交通流暢，而且要空氣通暢。

臥室要寬大。國人通常期望很多房間，幾房幾廳。事實上要那麼多房間並沒有實際效用，重要的是具備開闊感的的空間。客廳大小無所謂，隨和為好。

詳述這麼多的住宅設計細節，相信您的內心也慢慢浮現了最合適自己生活的宅居藍圖！

住宅與個人運氣

假設有一間良宅，該屋的主人受到公司的賞識，被派到國外去服務。那麼，再搬進去住的人，是否一定會和前人一樣，有機會到國外去呢？

《黃帝宅經》記載：「地善，苗茂盛；宅吉，人興隆。」《風水秘祿》上也有這方面的記載，其意即說，雖然人相是看人，宅相是看住宅，但是，每一個人一生的吉凶禍福，必受其住宅的影響，換句話說，住宅吉利的話，居住者會興隆。因此，只要住吉相的住宅，便能受吉運的影響，一切平平安安。雖然古人是這麼說的，但筆者認為，這只點出基本原則的一環。

舉例來說：一個靠做零工過活的人，如果住進一間具有豪華書房及書庫的住宅，將會是怎樣的情形呢？單以外人看來，完全不相襯，而對此人來說，這種設備齊全的書房及書庫，也是一種負擔。

只要以常識判斷，即知這是一項極欠妥當的搭配，由傳統住宅學上來看，同樣與好宅好運的理想相去甚遠。一個人命運的吉凶，必須靠天地和自己本身各因素多方的配合。

天地，指的是除了自己以外的一切自然環境。住宅和居住者，兩方面互相配合適當的，就是吉相的住宅。

如果，一間本身條件極佳的住宅，您住進去後，卻覺得渾身不自在，或時時刻刻感到侷促、難以習慣等，那麼此住宅對您而言，也許就不是能帶來好運的住宅。

所以，所謂吉相之住宅，有幾層含義。一即符合基本風水原理的吉相住宅；二為既符合基本風水理論，又和居住者相和合的吉相住宅。所以，在判斷住宅時，一般有二種情況：一即「此屋雖然極好，但對您而言，卻不適合。」另一種為「這是一間吉相的住宅，而且，和您也十分相配。」傳統住宅學，是單純對一間住宅或一塊空地做吉凶判斷，並不包含對屋主或地主的判斷。事實上，即便是吉相的住宅，未必便適合每一個人居住。

因此，我們必須以自己的立場，來考慮住宅的吉凶，找出最適合自己住的房子居住，才算是符合住宅學的真諦。

孟母三遷

住宅環境的氣流與磁場

地點定成敗

安居才能樂業,人因宅而立,宅因人而存,人宅相通,感應天地,是以孟母不惜三遷,就是為了下一代尋找最適合居住的環境。住宅是人類繁衍生息的地方,是人們養精蓄銳的場所,也是人們所穿的最大的衣服,最能夠提供人們安全感與實質的保護。因此在建造或選擇住宅時,必要以科學辯證的觀點,用心體會環境的肌理,從細處觀察住宅的特性,才能建造或選擇到有益於身心健康的良宅。

《易經》·〈繫辭〉有云:「上古人穴居而野處,後世聖人易之以宮室,上棟下宇,以待風雨,蓋取諸大壯。」房屋的演進,從原始人或穴居或野外露宿,漸漸演變為今日房屋的雛形以避畏嚴寒風雨、環境對人體的考驗。今日的房屋仍不離這個基本而重要的功能。

能夠幫助人生更加順利的好住宅必須具備三個基本條件,一是地點位置好,二是建設格局好,三是有氣勢。《黃帝宅經》中說:「夫宅者,乃是陰陽之樞紐,人倫之軌模。非夫博物明賢,毋能悟斯道也。」說明良宅的選擇所需要的工夫與智慧,而我們更可以借鏡古人傳承下來的寶貴經驗。

住宅的地點選擇非常重要,令人感到舒適安逸的住宅環境,除了座向佳、交通方便、環境幽靜,其建成格局須方正、房型規劃適當、視野寬闊、有良好的採光通風,才是充滿生氣的良宅。而下列的十一種地點皆不宜建造住宅,奉勸大家選購住宅時儘量避開。

1. 高架橋旁—通常高架橋旁的交通都不方便,而高速通行的車輛所產生的噪音和渦旋氣流易對居民累積傷害,帶來失眠、煩燥、焦慮……等,不利於身心健康。
2. 十字路口—其不利居住的原因與高架橋相仿,塵土飛揚亦影響空氣品質。
3. 高壓電塔和電臺電視塔旁—這些地方都會產生極強的電磁波,長期接觸,神經系統和免疫系統不免受到破壞,引發嚴重的疾病。
4. 加油站旁—加油站為火災隱患,且車輛往來,必使居處不寧。
5. 玻璃幕牆的對面—玻璃幕牆裡的倒影令人不安,加上強光反

射刺眼，亦不利久居。

6. 陽臺或主臥室正對大路—直沖道路，不僅居處難安，亦對健康不利。

7. 陽臺或主臥室正對附近建築物的轉角或尖角—這種情況就像有一根楔子打進住宅中心，在傳統住宅學稱為尖刀煞，由於視線受阻，久居必然不快意，心情低落，更不利於健康。

8. 靠近鐵路—高速來往的火車不僅產生噪音，亦帶來強勁的氣流，非常不利安居。

9. 周圍建築都很高，自宅卻特別低小—四面向外視野皆受遮蔽，使人有被圍困之感，不利於抱負之發展。

10. 從陽臺及窗外可見到墳場、墓地、工廠煙囪—這些景象對居民心理易有負面影響，甚至令其經常作惡夢，對健康不利。

11. 靠近土質鬆軟的山坡地—如遇大雨，將有土石崩落之虞。

　　選擇好的住宅地點，必須牢遵「瞭解自然、利用自然、改造自然、順應自然」等四大原則。切忌粗心大意，必要仔細留意周邊環境，才能胸有成竹地為自己規劃一個安居樂業的生活。

居家環境

環境影響氣場，即便是外在環境不易強求，但內在環境仍有許多可以努力及改善的地方，我們可以從傳統住宅學理論中尋找大方向：

1. 建地必須潔淨

地基不宜曾作墳地、屠宰場、燒炭場或是垃圾掩埋等，這些場地多有細菌孳生，不僅影響健康，亦對居民心理造成負擔。

土地上的農作物未收拾乾淨—我國以農立國，不喜暴殄天物，若有作物未收拾乾淨便挪他用的情形，居民心理不安。

填土不乾淨—填土來源若是垃圾場或墳場的土質，即不適人居。

河道加蓋／濕氣重—水氣孳生蚊蠅，易生傳染病，供水也可能遭受污染。

曾經發生過兇殺或自縊等禍事—避免對居民產生不良的心理影響。

2. 注重住宅中心

住宅中央如留有天井，將使屋主權威不易受到尊重—中心位置的天井使住宅失去重心，不易凝聚屋主的權威。

馬桶不宜置於住宅之中央—住宅的中心位置有如人的心臟，不應藏污納垢，然而如果中心位置為廁所，卻並非馬桶所在，則不必多慮。

3. 環境的講究

開門不宜有山壑逼近—開門見山的環境並不適於安居，近山相逼，易對人產生心理壓迫，感覺有所阻礙。

地勢不宜高露，導致住宅招風、孤伶，尤忌靠近山崖—此種地形的風勢大、氣溫低，對居民有不利健康，山崖更是危險地形。

屋外不宜有低窪地形或太近河流出口處—易犯水患，且衛生環境也不佳。

地基不整齊—如三角形或有所缺角，地基不穩固，人便難以安心立足。

大門忌對岔路—居處不寧，家庭易有意見分歧、氣氛難睦。

丁字路路沖，易有無妄之災—丁字路常有因剎車不及造成的車禍，但對於想利用該地點做生意的人來說，丁字路沖其實適用，不過須與其他條件配合。

住宅忌諱面對兩棟大樓間的接縫—兩大樓間易生強烈氣流，影響居家安寧及安全。

對面屋脊或外牆角尖射—直對尖銳物，不利於居民心理。

門前廢石、垃圾堆積—開門只見一片雜亂，必心生煩躁。

門前有彎路或水流—須不時提醒自己並家人多注意安全，盛夏時更要注意環境衛生。

門前有破碎小屋—這種情況，就有如同門前堆積雜物，令心情大壞。

切莫太近寺廟與衙門等陰氣重或凶戾之事常見場所：這是常人都有的心態，即便科學高明也難避免心裡的不安。

鐵窗嚴密如囚籠—為防宵小闖入，幾乎家家戶戶皆裝置了嚴密鐵窗，此舉雖有益於防盜，但卻增加了火災或地震逃生的困難。

4. 門、灶、廁所等配置

門—門不僅供人進出，亦為納氣之口，所謂「進門見喜」，道理即此。門不可歪斜高低不一，樓梯不宜直沖門口，房屋及門應有協調之感，不可有前門無後門，公寓則最好前後空氣流通。

灶—入門見灶或灶門與路直沖皆為不妥，灶與廁所相對或橫樑壓頂亦不宜。

廁所—入門直遇廁所、廁所與門房相對都不宜。

主臥室—大門避免直沖主臥、床位上方不可橫樑壓頂、樓梯下不宜設置床位、床舖不可安置於鏡子正對面。

生態建築

有些科學家們相信自然界所有物質都能產生能量與磁場，有益於人的能量與磁場可使人心情愉悅、思維敏捷、健康長壽，而不利於人的能量與磁場使人思維遲鈍、精神恍惚、多生疾厄。人的一生就是不停地與外界進行物質與能量的交換，這個觀念即是生態建築的理論基礎。

北方人以磚瓦建房，西北高原以窯洞為家，雲南人蓋吊腳竹樓……這些都是生態建築最基本的反映與實踐。傳統住宅學的宗旨就是理氣，即尋找生氣，有生氣的地方理當避風向陽、山清水秀，流水潺潺，草木欣欣……尋找一個有生氣、宜人居的環境，這些都是生態建築的根本之道。

生態建築之說雖緣起西方，但發展了幾千年的中國傳統住宅學卻十分吻合生態建築的要旨，可謂與新時代思潮互為共鳴。

地理環境之選擇

英國前首相邱吉爾曾經有過一句名言，「人造房子，房子也造人。」可見西方也認為房子對人有深遠影響。從科學的角度來看，影響人的性格、健康、命運等的不僅僅是房子本身，除了內部的佈置、擺設外，房子外部的環境也很重要，包括社區四周的山脈、建築、河流、道路等，任何事物都不可能是獨立存在的，都會產生相互作用。因此在住宅外部環境的選擇上，應該要注意下列原則：

1. 是否「藏風聚氣」

《葬書》中對「藏風聚氣」的地形描述為：「以左為青龍，右為白虎，前為朱雀，後為玄武。」亦即背面有高山為靠，前方遠處宜有低伏的小山，左右兩側皆有護山，明堂部分地勢寬敞，並有曲水環抱。這是最理想的情況，運用於實際，只要注意後方的地勢或建築比前方高，左方的地勢或建築比右方高，明堂開闊，便符合了「藏風聚氣」的條件。

2. 河流走向

「山環水抱」、「玉帶環腰」是古人最嚮往的居處環境。大凡在河流的彎環處，必有好氣場，一定是好風水。但許多河流其實是直來直去的，這種情況下，則以位於河流的右側為佳。河左、河右的判定，取決於河水的流向，背對來水，左手邊為河左，右手邊為河右。自古以來，建城選址都是遵循這個原則，大凡有歷史的古都如重慶、南京、無錫、蘇州、上海等，皆位於長江的右岸，而蘭州、西安、洛陽、鄭州、濟南等，則是位於黃河的右岸。住宅位於河流的右側，河水必然沿順時針方向流動，對社區內部氣場有增強的作用，如位於河流左岸，水流沿逆時針方向流動，便大大削弱社區氣場。例如政治文化中心的台北市，便位於淡水河右岸，其地理位置明顯優於週遭縣市。

3. 周邊道路

道路如水流，其走向和位置同樣會影響到社區的地形和氣場。如果是高架橋和電車軌道，高速行駛的車輛形成強大的噪音和衝擊氣流，對居民有負面影響。

住宅周邊應避免的建築物

1. 醫院

如果居住的地方在醫院附近，在住宅學看來是不好的。原因如下：

醫院多有病人居住，病菌必多；住院之人，運氣必滯，如此多的滯氣積聚在一起，勢必對周邊的氣場有重大影響；醫院因為業務的繁忙勢必造成該地區的交通阻礙，對於上班上學的住戶來說有所不便。

如果剛好居所附近是醫院，可以用兩個方法化解：開當運之屋門或房門，吸納旺氣；注重衛生，令病菌難以入侵。

2. 教堂、寺廟

在傳統住宅學中，神前廟後皆屬孤煞之地，住宅附近不宜有寺院、教堂等宗教場所。這些地方是神靈寄託之所，令附近居民的氣場或能量受到干擾。一般來說，居住在宗教場所附近，易生下列兩個問題：（1）一家人都會顯得孤獨；（2）性格易走極端，或暴跳如雷，或十分良善，常被人欺負等。

3. 高塔

中國傳統住宅學學講究的是氣場和諧與否。而氣場的和諧與哪些因素相關呢？傳統住宅學經典《青囊經》說得好：「理寓於氣，氣圉於形」，說句通俗的話就是有什麼樣的形，就有什麼樣的氣。

哪些形狀的物體會產生凶的氣場呢？

大凡尖形建築都會產生凶的氣場，古代人們把鎮妖的塔，都建成尖形的建築，而在塔的近旁是決不會有人居住的。從安全角度來說，高而尖的建築是最容易在雨天遭到雷擊，所以一般都設有避雷針。帶上了雷電，自然會產生放射電磁波，這樣就會破壞附近和諧的氣場，從而產生凶的氣場。同理，高壓電塔、轉播鐵塔等都有這樣的隱患。所以這些尖形的建築附近是不宜居住的。

類似的影響還有變壓器、配電房附近，這裏的氣場都因放射電磁波而大亂，需要特別注意。

事物都有兩面性，所謂「福兮禍之所伏，禍兮福之所倚」，我們一再強調的是人的力量，只要有健康的心態，便能使住宅逢凶化吉。古人謂之「文筆峰」，或「文昌塔」，是會產生有利於學業與研究成果的效應力。

發射或接收電視、電話等信號的高塔氣場強，對磁場影響大，且形狀都是尖的。長期居住在高塔附近，電器或通訊工具容易故障，亦可能有害身體。

4. 警察局、消防隊

傳統住宅學的觀念中，警察局屬陽，屬孤煞之地，古籍《雪心賦》中有云：「孤陽不生，獨陰不長。」住宅對正警察局，則犯孤煞，一是家人健康不好，二是是非爭鬥必多。

5. 政府機關

政府機關屬皇氣，是至陽之地，包括各級政府機關、法院、檢察院等，皆與警察局一樣，是孤煞之地。

6. 學校

學校是清水衙門，經濟差，再者，學校白天上課，晚上無人，白日吵鬧，放學後卻極其冷清，反差極大。

7. 菜市場

如果住宅下方是菜市場的話，運氣是比較呆滯的，宅運不平穩。原因如下：菜市場會散發魚腥或是肉腥味，這是味煞；環境衛生差，成日濕淋淋，易生細菌、害蟲，此為菌煞。

8. 戲院、電影院

戲院和電影院在放映時，人數眾多，氣聚一團，結束後，觀眾離場，一哄而散，此屬「聚散無常」之象。陽氣突然大量積聚，又瞬間流失，導致附近居民氣場大受干擾，運氣反覆無常，工作時好時壞，財運時強時弱。

9. 變電所或高壓電塔

電屬火，對磁場的影響最大，對人腦及心臟、血液的影響亦不佳。如果居所附近有變電站或高壓電塔，會有如下影響：

健康容易出問題，如心臟病、心血管疾病等；對大腦有影響，易生腦瘤，容易發生精神病；人容易衝動，所以做事易出錯。

根據外國專家歷時五年的研究，確定如果居所接近高壓建築物的兒童，患白血病的機會比正常兒童高出一倍，一般兒童患白血病的機會是二萬分之一，高出一倍則是萬分之一。這個問題值得各位家長注意，為了下一代著想，必要擇吉而居。

10. 垃圾集放站

在常人的理解中，垃圾連同蒼蠅、臭味等，還是遠離為妙。

11. 細藤陰樹遮屋運

有些房子，讓密麻麻的細藤爬滿整間屋宅，乍看之下，的確有幾分歐洲古堡的浪漫，但在傳統住宅學上來說，卻非常不利於人居。

樹木植物，本來就屬於陰性之物，植物之中也還有陰陽之分，一般來說，綠色闊葉的植物屬陽，細長纏繞的植物則屬陰。

一間房子如四周都被細藤纏住，那麼這房子的陰氣一定特別重。有些房子只是一面牆被細藤爬滿，也會給人不舒服的感覺。

以藤遮陽的住宅有很多，郊區或山上的房子尤其多。如果你碰到這種房子，要謹慎考慮一下自己的情感與心理能否接受有些偏陰的光線與顯得壓抑的氣氛，否則就要清除掉牆上的藤樹。

如果你真的喜歡住這種「看似浪漫」的陰氣屋宅，那麼，就不要自己一個人住，多找一些室友，運用人多的陽氣，或許可以平衡一整間房子的陰氣。

不過，有一種被蔓藤佔領的老宅，連窗戶也都爬滿蔓藤的那一種房子，最好不要住，無論如何都不要住，那樣的房子會因為蔓藤的「肆無忌憚」變得空氣緊張，而且橫樑、支柱之類的木結構支持物會有明顯損傷，不僅影響心情，還會危及健康與安全。

住宅內微氣候的講究

古人非常重視住宅的座向和日照，常常追求向陽府第，囑人莫住背陰之宅。因此「何知人家有福份，三陽開泰直射中；何知人家得長壽，迎天沐日無憂愁。」講究日照可保持住宅的氣溫，使居民身心健康。

住宅的小氣候要能保證居住溫度的大致平衡，不使體溫調節機能長期處於緊張狀態，使人體隨時保持著良好的溫熱感覺、正常的工作效率和休息睡眠，保持室內溫度平衡或體溫調節機能狀態的正常。最基本的要求要使人在住宅內，正常衣著，安靜或中度勞動的情況下，身體的產熱量、體溫、皮膚溫度、皮膚發汗量、散熱量、溫熱感覺以及其他的有關生理指標（呼吸、脈博等）的變化範圍不超過正常的限度。一般情況下，人在主居室內的時間較輔助用房內為長，故應以保證主居室的微氣候為主，再適當考慮輔室。而住宅舒適的保證率達65%～70%以上為宜，如達80%～90%者則為理想。

經過實驗和理論和推算,夏季室內的適宜溫度為21℃～32℃,最適範圍為24℃～26℃;冬季室溫為19℃～24℃最為舒適。如能控制到18℃～20℃,濕度60%,亦能稱為舒適,這樣的溫度相當於冬季婦女在室內換衣服時,不至於感到冷的界限。廚房因有熱源且人的活動較大,溫度建議保持在20℃左右。

夏季室內微氣候受太陽輻射、圍護結構隔熱性能和室內通風情況等影響較大。因而主要以選擇適宜的住宅內部設計和主要房間的合理朝向,創造穿堂風,加強綠化、遮陽、建材的隔熱作用,必要及有條件時可設置機械通風和空調等,來保證夏季居室具有適宜的溫度。冬季室內微氣候主要受室外氣溫、圍護結構傳熱性能、門窗漏風量和保暖條件的影響,為保證冬季室內的溫度,一般是採用較厚且保溫較好的建材,密閉的門窗,以及保暖設備和空調等。

保證室內溫度的適宜,最基本和經濟的方案是採用合適的建築圍護結構。建築物的圍護結構是指外牆壁、屋頂、地板和門窗。為使居室利於防寒防暑,圍護結構的建築材料應儘可能選擇導熱係數小的建築材料(這類專業知識可諮詢相關人士),建築材料導熱係數越小,導熱性就越差,熱阻就越大,則越有利於建築物的保溫與隔熱。但這些材料往往是些鬆軟的物質,不能起結構支撐作用,所以往往把它們附在結構層中,形成一種保溫隔熱的構造方式,既可承重又能保溫隔熱。一般說來,保溫隔熱結構的導熱係數應小於1.5,在炎熱地區,通常採用空心牆和屋頂架空的方式來達到隔熱的目的。

除了室溫以外,人體對建築材料的觸感溫度也是不容忽視的。例如冬天時,皮膚若接觸到浴室裏冰冷的瓷磚,身體會發抖畏縮。住宅中,皮膚經常直接接觸的地方很多,這些地方使用什麼材料,才不至於使人感到不適是很重要的。有人實際測量了不同地面裝修材料時腳掌溫度下降的情況,當地面溫度為20℃時,如果是木地板,腳掌溫度下降1℃。由於材料不同,溫度下降的程度也不同。從實驗結果和日常生活經驗得知,當地面為木地板,表面具有17℃～18℃的溫度時,才能使人感到舒適。換句話說,腳掌的暫態下降溫度如能在1℃以內,則對人才是適宜的。因此,在住宅中人的皮膚經常觸及的地方,應選擇那些觸感好、導熱低的材料。這也是為什麼,在種種建築材料充斥市場的現代,人們仍喜歡用木材來做傢俱、地板、牆裙、樓梯、門窗等。

傳統住宅學之中對水是非常重視的,前有蜿蜒河流或宅前修一池塘,均被認為是吉利之宅,除了有灌溉、飲用、排汙之利,亦可使住宅微氣候保持穩定。

一般說來,濕度過高會增加人體散熱,體溫下降,神經系統和其他系統的機能活動隨之降低。如長期生活在濕冷環境,易患感冒、凍瘡、風濕病等。相反,極乾燥的空氣也不利於人體健康,從醫學角度來看,乾燥和喉嚨的炎症存在著一定的因果關係。居室內的相對濕度應保持在30%～65%。

人與自然間的拔河

經營一個風水和諧的有機生活

樓座的考量

　　一般住戶選屋時，通常都非常注意戶型、面積大小等問題，卻容易忽略房子在樓座中的位置（A、B棟、樓層數）以及樓座在社區中的位置優劣。事實上樓座的位置對居住舒適度、便利度有極大的影響，應綜觀全局，然後再綜合以下要點，選擇值得入住的吉屋。

1. 最優位置：東北有遮擋，西南有綠化

　　一般來說，能佔據最多綠帶的樓座位置也最好，因為綠化不僅是賞心悅目的景觀，它對隔離噪音、灰塵、製造良好的微氣候（濕度、溫度等）十分有效。以國內的氣候為例，冬季多颳東北風，夏季多吹西南風，因此，若樓座東北向能有遮擋（如其他大樓等），西南向有大片景觀最為理想，因為冬春乾燥、多沙的氣流會被減弱，而夏季則涼風習習，不會有憋悶之感，可使小區域形成良好的微循環，提供居住舒適度。

　　從這個角度來講，一個佔據上述區位的樓座，其最「黃金」的戶型也應位於西南角上，既佔據陽光、景觀，又享有優良小氣候。其次的朝向是正南，然後依次是東南、西北、正東、正西、東北、正北。

2. 注意大樓「出行便利」和「居住安靜」的平衡

　　若家中有需經常出入的上班族、上學的孩子等，應考慮出行的便利度。對於一個中大型社區來說，走出社區若需步行五分鐘以上會增加不少麻煩，但是，若家庭成員中又包含有老人、孩子的話，還必須考慮遠離噪音的居家問題。平衡上述兩個問題的辦法是：所選樓座既不能太偏遠，又不能挨著社區道路、地下車位的出入口、地上停車位、地上網球場、學校等。對於高樓住宅，選擇七八樓層以上的房子通常可有效地解決噪音問題。

樓層的選擇

如果住宅的外在環境順風順水，其住戶通常都會好運連連。但是在一些傳統觀點看來，由於存在著命相與樓層數之五行的問題以及磁場資訊對人體產生的影響，在同一大廈的同一座樓內，不同的樓層，居住者的貧富會有差距。那麼如何選擇樓層呢？

首先：

生肖屬鼠，在五行方面屬水。生肖屬牛，在五行方面屬土。
生肖屬虎，在五行方面屬木。生肖屬兔，在五行方面屬木。
生肖屬龍，在五行方面屬土。生肖屬蛇，在五行方面屬火。
生肖屬馬，在五行方面屬火。生肖屬羊，在五行方面屬土。
生肖屬猴，在五行方面屬金。生肖屬雞，在五生方面屬金。
生肖屬狗，在五行方面屬土。生肖屬豬，在五行方面屬水。

金	猴、雞
木	虎、兔
水	鼠、羊
火	蛇、馬
土	龍、羊、狗

其次我們還必須瞭解樓數層與五行的關係：

　　一樓和六樓歸北方，屬水。故樓房的第一層和第六層屬水，尾數是一或六的樓層，亦是屬水，如十一樓（十六）、二十一樓（二十六）、三十一樓（三十六）……等等。

　　二樓和七樓歸南方，屬火。故樓房的第二層和第七層屬火，尾數是二或七的樓層，亦是屬火，如十二樓（十七）、二十二樓（二十七）、三十二樓（三十七）……等等。

三樓和八樓歸東方，屬木。故樓房的第三層和第八層屬木，尾數是三或八的樓層，亦是屬木，如十三樓（十八）、二十三樓（二十八）、三十三樓（三十八）……等等。

四樓和九樓歸西方，屬金。故樓房的第四層和第九層屬金，尾數是四或九的樓層，亦是屬金，如十四樓（十九）、二十四樓（二十九）、三十四樓（三十九）……等等。

方位	五行	樓層數
北方	金	1、6
南方	木	2、7
東方	水	3、8
西方	火	4、9
中央	土	5、10

五樓和十樓歸中央，屬土。故樓房的第五層和第十層屬土，尾數是五或十的樓層，亦是屬土，如十五樓（二十）、二十五樓（三十）、三十五樓（四十）……等等。

五行的每一元素不是獨立存在的，而是互相依賴，也是互相制約的。這就是五行相生相剋的道理，其相生的次序：火生土、土生金、金生水、水生木、木生火。

相剋的次序是火剋金、金剋木、木剋土、土剋水、水剋火。在選擇樓層時應注意：樓房的五行，對住戶之命中五行，有相生和相助作用的為吉。相反，有相剋作用，則作不吉論。如果樓房的層數五行生主命，助主命，吉論。剋主命，作不吉論。而主命五行剋層數五行，中等論。

還有人認為，可以根據生年屬相定樓層，具體原則如下：

屬豬、屬鼠的人，選樓層為一、四、六、九較為合適（包括十一、十四、十六、十九以及廿一、廿四、廿六、廿九等，以此類推）；屬牛、屬龍、屬羊、屬狗的人，選樓層是二、五、七、十之數較為合適；屬虎和屬兔的人，選樓層為一、三、六、八較為合適；屬蛇和屬馬的人，選樓層為二、三、七、八較為合適；屬猴和屬雞的人，選樓層為四、五、九、十較為合適。

生肖	樓層數
豬、鼠	1、4、6、9
牛、龍、羊、狗	1、5、7、10
虎、兔	1、3、6、8
蛇、馬	2、3、7、8
猴、雞	4、5、9、10

但是，一家人之中可能包含了好幾個屬相，這時應以家長為主。

阻擋「賊風」保家運

所謂「賊風」是指穿過縫隙的風。賊風吹進家裡，會使家人生病或做惡夢，這個說法確實具有其特殊的意義。因為在今天，賊風能夠進入的住宅，必是房屋老化且住戶不太注意細節的住家。

賊風造成最大問題的時節是冬季，因為賊風在房子內外溫差愈大時愈容易進入房子裡。如果一個房子裡有兩個以上的縫隙，則賊風就更加暢行無阻了。賊風如果太多，房子的暖氣不易聚積，容易被吹散，「賊風」便是由此得名。

出現縫隙的原因，大部分都是因為窗戶或其他建材的結合處接觸不良，尤其是木製建材，由於熱脹冷縮的關係，特別容易出現隙縫。另外，牆壁過於乾燥時，也會與支柱分離而形成縫隙。

近來，門窗的建材大都採用金屬性的製品，因為金屬建材具有提高氣密性與隔音的特徵，所以很受歡迎。金屬建材中以鋁製品最為普遍，因為價格便宜，安裝容易，取拿也非常方便，其形式有很多種，其中以拉門最多，其次才是套窗、普通門、紗門、紗窗等。平常人們所說的鋁門窗，是包括門和窗兩部分的建材，而且都要鑲上玻璃。

和鋁製建材一樣普及的，還有鐵製建材，它的種類非常繁多，都具有耐久性、耐火性，以及隔音的效果，優點很多。不過反過來，它也有一些缺點，即太沉重、容易生鏽等。為使其不生鏽，在管理上就非常麻煩，所以鐵製建材用在住宅上，還是頗有難處。

和近來才發明的金屬建材比較起來，木製建材的歷史要悠久多了。木製建材具有輕巧、加工容易、不會凝結水珠、觸感很好等優點，長處非常多，不過，卻也有乾燥時容易產生縫隙、缺乏隔音效果的缺點。所以在使用木製建材時，一定要選擇徹底乾燥、加工良好的產品。如果想要使氣密度提高，可以加裝膠墊，或是在冬天時貼以薄紙，都很有效。

平房的天花板最容易出現縫隙，使賊風乘虛而入，所以屋頂下面的天花板，最好選擇縫隙較少的材料。選擇三夾板，價格低，而且也頗能克服賊風所帶來的困擾，很適合做為天花板的建材。

庭院鋪石

許多家有庭院中的人常不考慮庭院寬窄，隨意地鋪上許多石頭，這種情形必須注意，可能將招來陰氣，終使得家道衰微，寂寞淒涼。

這種說法，大體說來含有二種意思：

第一個意思，主張人們不應過分改造或扭曲自然的狀態，庭院最大的目的乃在於欲以其作為建築物與自然界的中間橋樑，如果憑一時興趣鋪下大量的石頭，使得大地上的陽氣、喜悅、土氣等被密石嚴蓋，會引起居家生活的不如意。

第二點則有點科學道理，主張鋪石可能會對居民心境有負面的影響。因為石頭會招來燠熱之氣，且有礙於家中的明朗氣息。盛夏白日，受了陽光直射後的石頭，其溫度可達攝氏90度，連帶使庭院也熱烘烘了起來，地面一公尺處都達到攝氏50度的熱度。悶熱不止於庭院，還會反射到屋中。由於石頭的熱容量很大，白天吸足了熱氣，晚上周圍變涼快時，石頭才開始散熱，使周圍原本應沈靜下來的涼空氣又回暖，即使到了晚上仍不得清涼。

且看這樣的庭院冬天是否就適宜呢？冬天的石頭，在夜間被凍得溫度很低，到了白天，便開始吸收四周熱氣，反過來說，亦即為周遭帶來寒氣。此外，在梅雨綿綿的季節，鋪在地上的石塊也成了水氣蒸發的障礙，使庭院潮濕粘稠。

此外，大量的石頭會折損明朗的氣氛，尤其是與庭院寬窄不成比例的巨石。庭院的功用應該除了觀賞性也應考慮其實用，宜將庭院視為住宅的延展，將其對生活品質的影響多方考察。草坪是很討喜的選擇，草皮的培養，只要濕氣少，日照足，通常外行人也能種得好。一般栽培法是以根來繁殖，花個二三年時間即可，費用不多。西洋式草皮則是在種子上覆以薄土，等它抽芽長大便可。

院牆設計的注意事項

院牆是保證住宅安全的重要保障，以前的住宅更是考慮了身份、地位、格調來蓋的，圍牆亦是按照身份、地位、格調來決定其形式。所以住宅與圍牆一定要和諧相稱。若是圍牆過高，與住宅不能配合，在傳統住宅學中，是屬於會帶來貧乏的不吉之兆。

與住宅相比，圍牆過高的話，在現代建築裡也是失敗的設計。其理由有二：

一是小偷容易侵入──一般人都認為，高圍牆不是使偷兒進入不易嗎？實際上，並不是這樣的。小偷，顧名思義是偷偷摸摸的，高聳的圍牆正好擋住外面的視線，使其偷竊的行徑不易為人發現。所以對他們來說，過高的圍牆反而有利。圍牆最重要的作用應該在於所屬界限的標識劃分，真正的防範小偷應在於門窗是否緊閉。

二是有礙美觀──從房屋外部看來時，圍牆與住宅應是一體的。遠眺可隱約瞧見房舍門窗，這樣的景致才美。過高的圍牆，不僅破壞了美觀的畫面，讓人嫌惡，更顯得屋主似乎是器量狹小、沒有修養的人。建築物尚要考慮與其所處地域的和諧調和，過高的圍牆冷冷地拒絕與所處地域和諧相處。日本東京有名的高級住宅地區─田園調布，乃是大正時期電鐵公司開發後出售的住宅地。當時出售之時，他們是根據當地居民的共同意願，不設木板或水泥的圍牆，改種低矮小樹為籬笆，這景觀一直持續到今天─沒有高高的圍牆，卻能安居的現象，具有非常特殊的象徵意義。每一家的房舍雖各具個性，整個住宅區卻顯出其和諧的統一性。

過高的圍牆不吉，但過低的圍牆也是不好的，因為現在噪音以及污染的情形很嚴重，而圍牆具有防止噪音、塵埃進入的功效，所以為防止此類公害，圍牆也不宜築得太低。圍牆的高度在超過1公尺之後，防止污染的功效並未增加，所以不宜建得比1.5公尺高出太多，以免阻擋日照、通風，造成負面的影響。

圍牆的種類，除了以花草樹木為牆之外，還有以木板、鐵絲網、水泥、堆石塊、堆磚塊造圍牆等種種類型。花草樹木圍成的牆，住屋者及經過的路人都可感受到四季變化的美麗景觀，很是風雅。其缺點乃在於花費不低，且在維修方面頗費周折。較便宜的，大概是水泥磚塊牆吧，只不過這種牆易為風吹倒，最好打下深20公分、磚塊二倍厚的地基較為堅固。

美化庭院的方法

居住平房的家庭通常有自己的庭院，美化庭院也是居家美化的一部分。筆者建議庭院裡可種綠樹鮮花，也可掘小潭蓄清水，進行立體或平面的美化，不僅可減少空氣和雜質污染，還能增添生活樂趣。

較為寬闊些的庭院則可建小型花園，栽種一些奇花異草。牆壁邊可設置長條式花壇，種植一些枝蔓長的藤綠植物，如爬山虎、紫藤、牽牛花等。壇外側則可種植美人蕉、雞冠花、串紅、金銀花、八月菊和薔薇、石竹、雛菊或金魚草，形成前低後高或中高邊矮，富有立體美的屏障。如果條件允許，在庭院中設置一些小型假山和水池，周圍配置獨立的花壇，栽種些杜鵑花、報春花、牡丹、迎春和月季花等，能形成一幅山水兼備、百花爭艷、滿園芳香的立體畫。

如果是再大一些的庭院，可在不同方位適當栽種些桃、杏、李、梨、蘋果或葡萄等果樹，以及百日紅、桂花等觀花類樹木，亦見幽雅別致。

對於庭院較小的家庭而言，如也想常年觀賞鮮花綠草，讓庭院四季香豔，可在窗外或牆隅下栽種一叢臘梅或貼梗海棠，早春就能觀賞到花黃似金或火紅如霞的花朵。春天可在靠近建築物的牆下種植些攀緣植物，如爬山虎、常春藤或絲瓜、梅豆等，這樣既能在夏季使牆壁免受日照、降低室溫，又能使整個宅院和屋宇顯示出獨特的自然景色。另外，如果能在院中栽種些月季、夜丁香、含笑、米蘭、金橘花等盆花，不僅能享受濃密的枝葉、絢麗的鮮花，而且四季花香襲人，給人帶來美和歡樂。

樹與屋的關係

樹木是土地上生長的生靈，是所在土地屬性的表徵，中國人自古以來就十分看重樹與家居的關係，古人說得好：「樹向宅則吉，背宅則凶」。關於樹木與家居的關係，有下列幾點必須注意：

1. 門前不可有大樹

大樹在門前，勢必影響採光與通風，阻礙新鮮空氣和陽光的進入，而且影響到室內濕氣和濁氣的消除，使得居家環境變得陰濕，不利於健康。

2. 前門更不宜有枯樹

如果一間住宅的庭院內，所有的樹木均枯萎敗朽，那我們就可以知道此地的地氣必定有問題存在，否則哪有可能全部枯死呢？地氣足以養育萬物，地氣蕭條則萬物沉寂，宅屋立於無氣之土地上，得到壞死之氣，住宅的氣必然順氣而衰。人居於此，運氣也會依其運的旺衰而運行，所以傳統住宅學哲理十分重視植栽與宅運的關係。

另一方面，枯樹立於門前，在視覺、心理上都會造成陰影，影響一家人的出行情緒，久而久之，影響到居住者的事業與生活，嚴重者甚至不利於居住在屋裡的老人，或者導致主人家貧賤。如果住宅前有枯樹，應該立即砍除再植新樹、新草坪，若栽種之後一樣立即枯死，就應該考慮搬家大吉。

3. 窗前不宜有樹

窗外的婆娑樹影和斑駁陸離的光影帶給居住者清爽的心情，但要注意的是，樹不宜太貼近窗子，否則會招致陰濕之氣，不利於居住者身體健康。

一般來說，窗前之樹要離開兩公尺以上。住宅與樹須形成一個友好的關係。古人說：「樹向宅則吉，背宅則凶」，如果一棵樹是在與住宅爭生存的空間，必定與住宅形成背離之勢，而相反，如果樹與宅是友好的，則二者互相「擁護」。樹為住宅遮蔭擋風，對住宅的建築質量以及居住者的健康都有幫助。城市土地資源高度緊張，我們往往很難有餘地去選擇一塊好地，但必須注意的是，您所選擇的地如能儘量符合這裡所提到的法則，這塊地就算是稱心的佳地了。

4. 宅前不應有傾斜樹

宅前的傾斜樹使住宅所受的陽光有限，受制於特定的角度。樹木的生長重心總在一個固有方向，假以時日很可能樹幹無法支撐枝枒，容易砸到住戶。

5. 宅屋中央置植栽

常聽人家說在房子中央的中央位置上擺放盆栽，會形成一個「困」字，會讓人有困難的行運現象。事實上，這是一種迷信之說。早期的農業社會中，庭院是用來曬稻穀之用，假使庭中有樹，遮掉了陽光，自然是不利於農事的。再者，樹根會破壞平坦的庭院，而曬穀之後要整理穀物，當然會有妨礙，因此才會產生庭院中央不宜有樹的理論。

● 神奇的四合院

談到庭院，就不得不說四合院，四合院始於十二世紀，它符合人們安居樂業的要求，是許多地方傳統住宅所採用的形式。

四合，是指東南西北都有房子，佈局嚴整，院落敞亮，使人有雅靜舒服的感覺，而且長幼有序，各居其室，作息方便。

從前的住房講究很多，有句俗話：「有錢不住東南房，冬不暖，夏不涼。」人們多樂意住路北的房子、四角整齊的院子，不喜歡倒下臺階，說那是進門跳坑。還有句話說：「寧住廟前，不住廟後，寧住廟左，不住廟後。」

還忌諱在院子裡種松柏和楊樹，因為那是陰宅種的樹木，但現在已無所謂。

「天棚、魚缸、石榴樹」是四合院夏天的情景。

街門通常開在東南方，很少在正南方開門，因為廟門都是立在南方的正中，全是清水脊的門樓，兩扇對著關的街門，各有一個小鐵環，用它敲門使。

四合院最能體現古人的住宅哲學與倫理觀念，這種傳統建築在今天林立的高樓大廈中越來越少了，有些已經被列為古蹟，大家有興趣可以去看看。

物我相應和

佈置擺設的**奧妙**

空間小好運少

現代社會的發展逼迫現代人的居住空間越來越小，如果真的無法擁有稍大一點的房間，就千萬不要再堆東西到又小又窄的空間裡面，否則住戶的運勢就如一只被關起來的小鳥，永遠無法飛展開來。

白領階層小王最近一直睡不好，早上起來全身酸痛，他自己分析應是最近公司壓力太大的緣故，讓他神經緊繃，他的朋友到他屋裡拜訪，只見他的臥室非常窄，大衣櫥和單人床外已沒有多餘的空間，床頭櫃還擺滿一堆雜物和書，床尾也堆放著箱子和電器。

懂得住宅學的朋友告訴他：「其實這個狹窄空間已經夠讓你神經緊繃了，長時間累積下來，剛好公司最近也給你很大的壓力，你才會睡眠失調……」

小王覺得有理，於是就把床頭床尾的雜物都移開，再把那高大笨重的衣櫥搬到其它房間。原本窄得像倉庫的臥房，便空敞地亮了起來，令人心情舒暢許多。朋友囑他把臥房清理一下，在床頭擺一盞小燈，牆角也放一盞小燈，儘量不要開天花板的白色日光燈，因牆角小燈有延伸空間的心理作用，再者，光線微暗，光線來源低於視線，也有延展空間的作用。

當晚，他就試著在這微暗又空敞的臥房睡覺，竟一夜無夢到天亮，起床全身神清氣爽。

從此以後，小王便明瞭人應該盡量多給自己一點空間，不要把自己埋在倉庫或傢俱堆中。畢竟，是人在住房子，不是傢俱。

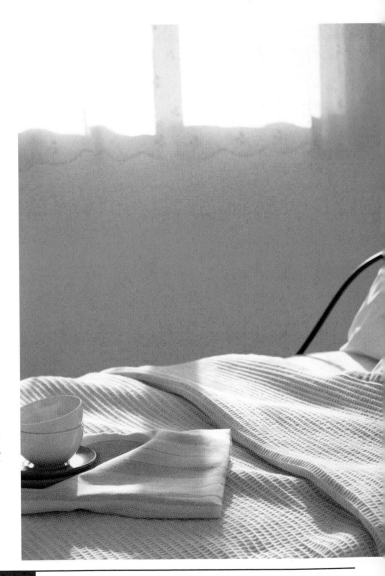

居家陳設

有些人擔心房子不夠大,也有很多人面對寬敞的房間,卻不知道佈置,最簡單的方法便是擺放些合適又吉祥的物品:

1. 魚缸

「山主貴,水主財」,魚缸有很強的催財作用。但任何事情都有兩面性,水也是雙刃劍,如用之不當,不但不能旺財,而且會損財損丁。因此擺放魚缸最好請專家測量方位。

2. 財神

財神分武財神(關公)和文財神。財神敬之得當,可得全家或企業財運亨通;敬之不當,則會變為散財之神,致耗財破損;尤其是武財神關公,如敬之不當,不但不能帶來財運,關公的那口大刀還會傷人。一般原則是,武財神要面向門口,文財神忌面向門。

3. 水晶

天然水晶晶瑩、明淨,將其擺放在適合的位置,可以為屋主帶來愉悅寧靜的能量。

4. 金元寶

以生財旺財為主,多以一對並用,用法有二:一、將一對金元寶放在全屋最大之窗戶邊,左右各放一隻,可把窗外之財吸納進來。二、放在大門入屋斜角之角落,此為財位,可藏風聚氣,放上一對金元寶益於招財進寶。

5. 石獅子

石獅為瑞獸,能解除多種形煞,亦加強官威或屋主之陽氣,過去不少大戶人家均擺放一對在門口。凡是登門拜訪者一看到雄偉的石獅子,自然會從心底油然而生出敬佩。凡是以口維生之行業,如:律師、演藝人員等,可在辦公室內擺放一對以振聲威,有助生財。

6. 銅獅子

其性質為化煞擋災,一般放在面向大門的位置。凡是有路相沖或開門見電桿時可用。銅為金屬,可克制木的刑剋,如遇

窗戶的對面可見大樹時適用。如宅內有屬水之人，放此銅獅更佳，金生水，可旺財。

7. 文昌塔

元朝時廣東的屏山村就建有此類風水塔，據聞該村常出秀才及大官。小孩子可將此器放在床頭，成人則可將之放在臺上，學者將它放在書櫃中，有利於文思敏捷，考試名列前茅。

8. 貔貅

此瑞獸身無鱗，腳無毛，神態威武，為上乘擺設，但只適合於偏財或推銷行業（業務員）的屋主選用，或凡收入浮動者皆有神效。特別是在公司辦公桌上，日常的工作中如果出現灰心喪氣的情況，一望到這個擺設，心中便會有潛在的自信。

9. 銅葫蘆

葫蘆化病，人所共知，但銅葫蘆可添夫妻情分則甚少人知道。若夫妻緣薄，可擺放一隻銅葫蘆在床頭，增加夫妻恩愛。

10. 麒麟

麒麟與龍神、神鳳、龜神，在古時被稱為四靈獸。麒麟可作為招財添丁化煞之用，用途非常廣泛。頭向外即可，其勢甚勁。宅主財運必佳。以細巧為宜，男女皆旺。

11. 金蟾

旺財之上乘用具，三隻腳，背北斗七星，嘴銜兩串銅錢，頭頂太極兩儀，腳踏元寶山及寫有「招財進寶、一本萬利、二人同心、三元及第、四季平安、五穀豐登、六合同春、七子團圓、八仙上壽、九世同居、十全富貴、乾隆通寶、宣統通寶」等等的銅錢。

12. 龍龜

瑞獸一種，主吉祥招財，化三煞。龍龜放在財位可催財，放在三煞位或水氣較重之地最有效，傳統住宅學有雲：「要快發，鬥三煞」。水氣重之風水位主是非口舌，龍龜在位能化口舌兼加強人緣，有部分龍龜法器之背部是活動的，可將之掀起，放入茶葉及米粒，可加強其效應。

13. 八卦平光鏡

其性質為遮擋戶外不良之建築形狀。現代住宅漸漸流行起在門戶上掛起鏡子，多半能給予住戶心理上的安慰。

14. 八卦虎頭鏡

性質同上。另有純銅虎頭牌，專制大煞、工形煞、丁形煞。

15. 八卦凸鏡

此擺設與平光鏡有所不同，如果發現窗外或對面有化煞工具對著本宅，則可擺放此法器，將對方法器反射，送回家中，不致受到對方影響。此鏡亦放在室外，不可照人及放在門前，否則不吉反凶。

16. 銅羊

其性質為祛病減災及增加偏財，因羊取「贏」之意。

17. 風鈴

看一些偶像劇的時候，總會看到青春男女主角遇到麻煩時，會聽到風鈴的悠揚聲音，為住宅裝上風鈴會為自己增加對未來的期望，增加面對困難的勇氣。

18. 檀香手珠、蜜臘手珠

護身法器，佛光普照，保平安健康，男女老少皆宜。

19. 馬

其性質為驛馬，主動、健康、馬到功成，凡經常出差、跑外務奔走或想調動升遷之人，適宜在辦公桌上或家中財位擺放六或八匹銅馬或木馬。

20. 五帝錢

五帝錢是指清朝順治、康熙、雍正、乾隆、嘉慶五個皇帝的銅錢，可擋煞、避邪。閒來無事時，把玩古幣可修身養性，提昇自己的文化素養。

21. 銅象

大象善於吸水，水為財，凡家居大窗見海或水池，均稱之為「明堂聚水」，象之稟性馴良，放在家中吉祥如意，如將之放在室內財最盛的地方，則全家人受惠。

22. 龍

瑞獸，生旺化煞，強青龍，吸財氣。但凡工作、生活中覺得缺乏信心時，都可以善加運用此物。

「好宅」中應有哪些好植物

在中國人的日常生活中，植物常被用作趨吉化煞，因此不同的植物被賦予了不同的含義。而這些應用應該如何運用在住宅中呢？首先要知道哪些植物會為房主帶來好運。

1. 被視為吉祥的植物

桔：「桔」與「吉」諧音，盆栽柑桔便成為人們春節時家庭的擺設。

吉祥草：吉祥草小巧，終年青翠，泥中水中均易生長，象徵著「吉祥如意」，也叫瑞草。

椿樹：椿樹易長而長壽，有的地方盛行摸椿風俗。除夕晚上，小孩都要摸椿樹，而且還要繞著轉幾圈，祈求快快長高；有的地方在正月初一早上，小孩抱著椿樹念「椿樹椿樹你為王，你長粗我長長」。

槐樹：被認為代表「祿」，古代朝廷種三槐九棘，公卿大夫坐於其下，面對三槐者為三公，後來便於庭院植槐。

桃樹：傳為五行之精，能制百鬼，故而過年以桃符懸門上。

柳樹：同桃樹的作用一樣，以柳條插於門戶以驅邪。

葫蘆：原來在傳統住宅學術中，葫蘆被認為是能驅邪的植物，古人常種植在房前屋後。現代物理測試證明「寶葫蘆」形狀的器皿能遮罩各種波和輻射的干擾。

2. 被視為凶兆的植物

桉樹：這種可長到二十多層樓高的樹中「巨人」，中青年人是不敢栽種的，據說樹大人必亡，要植此樹只得請老人。

風水樹：在南方，有的村子附近保留著一小塊青蔥林木，多是樟、松、柏、楠等長青樹。作為觀光客，可千萬別去碰它們。因為這就是風水樹，也叫水口樹，別看只是一小塊青蔥林木，它可關係著全村的命脈，當地人也都不敢去動那裡的一草一木，害怕破壞本村的風水。

增添住宅「財氣」

增添「財氣」大家心中常想的事，實現的關鍵是保護好住宅內的財位。關於財位有六個禁忌需要特別注意：

1. 忌壓

在傳統住宅學來說，財位受壓是絕不適宜，沉重的大櫃，例如衣櫃、書櫃或組合櫃等壓在財位上，便會對房屋的財運造成損害，所以絕對不適合在財位上放置過重的物品。

2. 忌水

傳統住宅學上有句話為「見財化水」，意思就是說是說財神落難被推落水缸，因此在財位上並不適宜擺放魚缸，也不宜擺放用水培養的植物。

3. 忌空

在財位的背後宜有堅固的牆，象徵有靠山可以倚靠，才不會有後顧之憂，如此才能藏風聚氣。反過來說，若是財位的背後空透，如是一片透明的玻璃窗，非但難以積聚財富，而且還會因為窗戶空氣流動頻繁，而造成破財之局。

4. 忌沖

傳統住宅學最忌尖角沖射，所以在財位附近不宜有尖角的東西出現，以免影響財運。而且尖角愈接近財位，它的沖射力量便愈大，因此在財位附近，應儘量避免擺放尖角的家俱或雜物，儘可能使用圓角形的家俱。

5. 忌洩

如果財位剛好位於廁所浴室內，那就行成「財位受洩」之局，變成得物無所用十分可惜，非但不能招財進寶，反而還會容易耗財。

6. 忌暗

財位昏暗會顯得暮氣沉沉，若因為格局所限，財位無法照射到陽光，就需要多安裝光管和電燈，藉此增加照明度，以提升對財位的益處，不過在安裝時需要注意燈管的數目應以三盞、四盞或九盞為宜。

除此之外，在財位上也不宜擺放海浪圖，這會使得財運起伏不定，而大瀑布圖，也象徵財來財去，落差太大，若掛山水圖的水流向宅外也不宜。尖葉及有刺的植栽或水晶洞，皆象徵進財坎坷艱辛，也不宜擺放。另外在財位附近也不宜堆放太多雜物，這亦有損財位，會令財運大打折扣的。

家居擺設影響夫妻感情

別看家居擺設並不起眼，其實家居生活在很大程度上都受這些擺設的影響，其中夫妻感情更是離不開擺設的作用。

1. 性生活不美滿

臥室置魚缸：魚缸應該放在客廳，放在臥室會導致臥室變的很陰寒陰冷，夫妻之間應該要有溫暖的感覺。

掛裸女像：在房間掛裸女畫的話會影響夫妻之間的感情，很容易讓另一半起不好的聯想，或者是讓老公開始不滿意老婆的身材。

2. 大小吵不斷

獅頭向內、老虎下山：家裡擺獅子的擺飾一定要獅頭向外，向內的話夫妻會互相爭吵，老虎的圖案一定要上山，不可以擺老虎下山的畫，下山的話會傷人，也就表示夫妻容易吵架。

面具、露牙玩具：面具讓人感覺虛偽，如果家中擺面具或者露牙齒的玩具，容易增加吵架的機率。

3. 容易發脾氣

昔日戀情留下來的紀念物：擺有昔日戀情留下來的禮品或紀念物，易導致夫妻不和睦。

臥室內有電鍋、微波爐：臥室裡面有電氣的東西，例如電鍋、微波爐……等等，這表示臥室有火在燒，火氣很高亢，容易導致夫妻雙方發脾氣。

傢俱的擺設

傢俱是一個日常生活中的骨架，擺設傢俱也是門學問。傢俱的造型要堅實，使用高背的沙發和座椅，不但舒適也象徵家庭生活有依靠。理想上，起居室傢俱的擺設最好呈八卦形，由於座椅是彼此相鄰，可促進人際關係的和諧；既能營造適合休息的空間，又可去除煞氣。

樣式新穎、功能各異的傢俱是人們注目的焦點，因此，傢俱的選擇要與起居室的整體風格、色彩相適應。

一、沙發

沙發是起居室中不可缺少的一部分，其造型和色彩最能體現起居室的氣氛，選擇要慎重。日照不佳的起居室適合採用自然素材的傢俱來提升陽氣，而木製品和藤製品就成了最佳的選擇。

素色的布沙發是起居室中最好的選擇，而且最好是選擇不顯眼的小花樣。

沙發是西方產物，它柔軟、舒適，造型也富於變化，其魅力幾乎征服了所有人。沙發幾乎成為起居室中最重要的傢俱。有女作家曾有過這樣的感悟：「人有被溫暖的需要，被保護的需要，被親擁的需要，有想依偎在他人懷裡的需要，哪怕只是偶爾。可是這個需要很少能得到滿足，除了嬰兒時代。我們對他人的懷抱很難信任，即使有可以信任的，那個懷抱又不一定能接納我們，這使得我們對他人的懷抱產生一種矛盾的拒斥，但需要仍然存在。於是那些聰明人想了這個聰明絕頂的主意，讓我們坐在沙發的懷裡。」

如此看來，坐在柔軟的沙發的身上，有如投進溫和的母親的懷裡。難怪我們對於沙發，越發要求得精緻、完美而舒適。

在現代家庭生活中，沙發是起居室中最為重要的傢俱之一。因此，我們在這裡重點探討一下沙發的學問。

1. 沙發的安排

沙發是起居室中用來日常休息、閒談及會客的傢俱，因此在住宅中，它佔據了一個很重要的地位。沙發的置放有以下幾個要求：

▲ 套數有講究

沙發形狀上分單人沙發、雙人沙發、長形沙發以及曲尺形、圓形沙發等；在材料方面，也分皮製沙發、布製沙發、藤製沙發等；在顏色及造型方面，則更是花樣繁多。起居室沙發的套數有講究，最忌一套半，或是方圓兩組沙發並用。

▲ 沙發須擺放在住宅的吉方

沙發因為是一家大小的日常坐臥所在，可說是家庭的焦點，若是擺放在吉利方位，則一家老少皆可沾染這方位的旺氣。但若是錯擺在不吉方位，則一家老少均會受其害，家宅不寧。對東四宅而言，沙發應該擺放在起居室的正東、東南、正南及正北這四個吉利方位。對西四宅而言，沙發應該擺放在起居室的西南、正西、西北及東北這四個吉利方位。

▲ 沙發背後宜有靠

所謂有靠，指的是靠山，是指沙發後有實牆可靠，無後顧之憂，這樣才符合傳統住宅學之道。在過去，我國由於沒沙發，故以椅子為主要坐具，而其均選用天然大理石為後背，而

其上的花紋以隱隱有山景為佳，就是這個道理。如果沙發背後是窗、門或過道，無實牆可靠，那便等於是背後無靠山，空蕩蕩一片，是散洩之局，難以旺丁旺財。

倘若沙發背後確實沒有實牆可靠，較為有效的變通方法，可把矮櫃或屏風擺放在沙發背後，這可稱為「人造靠山」，也可以有補救作用。但有一點必須注意，沙發背後不宜有水，因此把魚缸擺放在沙發背後是大忌。同理，在沙發背後的矮櫃上擺放魚缸、風水輪等等有水的裝飾擺設也不適宜。當然，背後無靠的沙發，若用常綠植物來填補背後的空間則有益無害。

▲ 沙發須忌橫樑壓頂

睡床有橫樑壓頂，受害的只是睡在床上的一兩人，但若是沙發上有橫樑壓頂，則受影響的是一家大小，影響甚大，故必須儘量避免。如果確實避無可避，則可在沙發兩旁茶几上擺放兩盆開運竹，以不斷生長向上、步步高升的開運竹來承擔橫樑壓頂。

▲ 沙發勿與大門對沖

若遇到沙發與大門成一直線這種情況，最好是把沙發移開，以免與大門相沖，倘若無處可移，那便只好在兩者之間擺放屏風。這樣一來，從大門流進屋內的氣便不會直沖沙發，也可保財氣不外洩。

沙發若向房門則並無大礙，不必左閃右避，也毋須擺放屏風化解。

▲ 沙發的擺設宜彎不宜直

沙發在起居室中的重要地位，猶如國家的主要港口，必須能儘量多納水，才可興旺起來。優良的港口必定兩旁有伸出的彎臂，形如英文字母的U字，猶如兩臂左右護持，而中心凹陷之處正是傳統住宅學的納氣位，能藏風聚氣，以達到丁財兩旺。

2.不宜久坐沙發

如今，吃過飯後，就把自己扔到沙發裡，已成了許多人習以為常的事，一坐往往就是好幾個小時，大家只覺得坐沙發要比坐硬椅子更舒適。

殊不知，久而久之柔軟舒適的沙發會對身體功能帶來損害。

這是因為，人類本來的坐姿，是以坐骨的兩個結節作為支

撐點，以男性為例，沈入沈發造成陰囊原來的支點下沉，沙發的填充物和表面用料就會包圍從而壓迫陰囊，靜脈回流不暢，睾丸附近的血管變粗，嚴重時可導致精索靜脈曲張，患者會出現睾丸下墜沉重，下腹部有鈍痛感。精索靜脈曲張時，睾丸新陳代謝產生的有害物質不能及時排出，也得不到足夠的營養，就會損害睾丸正常分泌睾酮的功能，使睾酮分泌減少。睾酮是維持男子性功能和產生精子的動力，一旦缺乏，勢必導致男子性功能障礙和不孕症。

而對於女性來說，也不宜久坐沙發，尤其不利於身材體型的維持。

傳統哲學講究和諧中庸，凡事應有張有弛，適度放鬆，經常鍛煉，這才是養生之道。生活中，我們要養成良好的習慣，時常地關注自己的身體，這總是有裨益的。

二、組合櫃

組合櫃也是起居室的重要傢俱之一，一般的起居室佈置，主要是以沙發來休息，以組合櫃來擺放電視、音響及各種飾物。

起居室中的高組合櫃與沙發，一高一矮，一實一虛，是理想的配合，很多家庭的起居室均擺放高組合櫃也就是這個原因。

高組合櫃除了可擺放電視及音響器材之外，並且還可在上層擺放各式各樣的飾物，既整齊美觀而又實用。傳統住宅學上

以高者為山，而低者是水，客廳中有高有低，有山有水才可產生風水效應。

以客廳而論，低的沙發是水，而高的組合櫃是山，這是理想的搭配。但倘若採用低組合櫃，則沙發與組合櫃均矮，便成有水無山的格局，必須設法改善。化解之法是在低組合櫃上擺放一張橫放的畫，令組合櫃變相加高，比沙發高出一些，這樣既簡單易行也有效，而掛在低組合櫃上的畫，宜以山水作品為主。

原則上，畫的內容宜選擇意境深遠的高山流水為題材，西式佈置的家庭則宜選擇油畫、水彩畫等，內容宜選擇意境閒適的森林湖泊等題材。

如果不想在低組合櫃上掛畫，也可以在裝修時把數塊層板分開釘掛在牆壁上，然後把飾物擺放在層板上，這樣也可符合

櫃子高沙發矮的原則。

在長方形的起居室中，宜在沙發兩旁擺放茶几。這樣不但能善用空間，視覺效果良好，而且也方便座上之人使用。茶几上除了可擺設飾物及花卉來美化環境之外，也可擺設電話及臺燈等，既方便又實用，所以茶几現已變成起居室不可缺的器具。

有些人喜歡把魚缸擺在低組合櫃上，若是如此，便應把魚缸擺放在櫃頭靠近窗口的那一邊。擺放在低組合櫃上的魚缸，面積不宜太大，形狀以長方為宜。倘若廳闊而櫃短，形成組合櫃的兩旁有太多空位，太過空疏，旺氣流到那裡便會易泄難聚，並非佳選。遇到這種情況，可把兩盆高壯而葉大的常綠植物如鐵樹、發財樹等等來填補空間。擺在短櫃兩旁的大葉植物，等如是把兩條短臂加長，在傳統住宅學來說，它們成了短櫃的青龍白虎，對納財納氣均有幫助。

三、茶几

在起居室中的沙發旁邊或面前，必定有茶几的擺設來互相呼應。茶几是用來擺放水杯及茶壺的傢俱，倘若沒有茶几來擺放，確是極不方便，所以在沙發附近擺放茶几，實在是不可或缺的。

沙發是主，茶几是賓，二者必須配合，才符合方便使用的原則。沙發是主宜高大，茶几是賓宜矮小，如果茶几的面積太大，就是喧賓奪主，並非吉兆，所以沙發前的茶几不宜太大。若擺在沙發前的茶几面積太大，最簡單的辦法莫過如更換一張面積較小的茶几，賓主配合有情，則既不會礙眼，同時又可符合傳統住宅學之道。

選取茶几，宜以既低且平為原則。如果人坐在沙發中，茶几高不過膝，則合乎理想。此外，擺放在沙發前面的茶几必須有足夠的空間，若是沙發與茶几的距離太近，則有諸多不便。茶几的形狀，以長方形及橢圓形最理想，圓形亦可，帶尖角的菱形茶几則絕對不宜選用。

住宅的「眼睛」

窗戶和門一樣，吸納陽光和空氣進入室內，也是私人生活和外界溝通的管道。窗戶是住宅的「眼睛」，對於窗的講究絲毫不比講究我們的眼睛容易。

1. 窗戶不宜過大

客廳或臥室的窗戶過大或數量太多，容易令住戶心裡不踏實，很快產生空虛感，建議懸掛百葉窗或窗簾，不過百葉窗的效果會比窗簾好。

大型落地窗，夏天會引進過多的陽光和熱量，冬天又會使屋內的熱氣流失，都應加裝窗簾或其他遮蔽物。

2. 健康之窗

窗戶是一棟陽宅的「眼睛」。為了確保居住者健康，破損的窗戶一定要儘快修復。窗戶破損容易造成居住者眼部疾病。所以切莫因小失大，省了修窗戶的小錢，卻花大錢去看眼科。

窗戶的頂端一定要高於居住者的身高，這可增進居住者的自信和氣度，而居住者在眺望窗外景致時也用不著彎腰拱背。

窗戶雖然不宜過大，但是也不宜過小。窗戶過小的房子會給人寒傖小氣的感覺，居住者也會變得氣量狹小、退縮內向。

3. 方形窗或拱形窗

圓形或拱形的窗戶給人如教堂般寧靜安祥的感覺，適合裝設在臥室、玄關和休閒和室。方形窗則給人振奮肯定的感覺，適合用在餐廳和工作場所。一般住家若能適度混合使用兩種窗形，可獲得最好的結果。

4. 開窗的方式

您住家臥室、客廳和廚房的窗戶是何種形式？它們是向上開、側開或封死的呢？就傳統住宅學而言，窗戶開啟的方式，最好是向外或向兩側推開窗戶，以不要干擾到窗戶前後區域為原則。向內開的窗戶，會使居住者變得膽小、退縮，而且向內開的窗戶，經常會被窗簾或百葉窗擋到，變得很難開啟。如果您家的窗戶是向內開，可在窗戶下擺放盆景或音響，活化這個區域的能量。

如果住家的窗戶只能向上推開一半，無法全開，會使居住者有志難伸，工作不順。若有這種情況，可將窗臺漆上明亮的顏色，懸掛百葉窗遮陽，最好不要懸掛布質窗簾，窗邊擺盆景、水晶活化氣場。

放眼看世界您的窗戶是大是小？是寬是窄？是高是低？一扇可眺望美景的窗戶，宛若一幅名畫，所以窗框不妨和牆壁漆成不同顏色，可為居住者帶來活力和創造力。

客廳如何擺放「魚缸」

《易^經》指出：「潤萬物者莫潤乎水」，客廳中的魚缸，離不了水，所以魚缸在傳統住宅學裡是「水」的同義詞，除了有觀賞價值之外，在傳統住宅學方面亦有其接氣化煞之功效，魚與水共生，使室內更有生機，並對家居產生積極的作用。因此，魚缸的宜忌即是水的宜忌，兩者大同小異。

那些生辰八字缺水的人，擺放魚缸在客廳便會對運程大有幫助，但那些忌水的人，若養魚在客廳中，便絕不適宜。如果不知道自己的生辰八字是否適宜養魚，最簡單的方法便是以自己過往的經歷來驗證。若是以往在家中養魚而家運興旺的。便應該繼續養魚，即使搬了新屋，亦不能中斷。但若是以往家中養魚而家運不寧的，則儘快停止養魚，甚至按傳統住宅學論與水有關的物件也不要擺放在客廳中。

在客廳中擺放魚缸有以下幾點需要注意：

1. **魚缸不宜過大**─太大的魚缸會儲存太多的水，從傳統住宅學的角度來說，水固然重要，太多太深則不宜，而魚缸高於成人站起時的眼睛位置便是過高，因此客廳中的魚缸不宜過大過高，尤其是對面積細小的客廳更為不宜。

2. **魚缸不宜放在吉方**─任何住宅都不可能十全十美，總有些外煞之類的存在，用魚缸來化解外煞是其中的一個巧妙辦法。傳統住宅學中有「撥水入零堂」的說法，所謂「零堂」是指失運的衰位，其意是指把水引入失運的方位，可以轉禍為祥，逢凶化吉。因此魚缸宜擺在凶方，而不宜擺在吉方。我們

所說的吉方及凶方，是根據住宅的坐向而推定的，坐東向西之宅及坐西向東之宅各有不同的吉凶方。具體來說，坐東、坐南、坐北及坐東南的東四宅，魚缸不宜擺在客廳的東、東南、北及南這四個吉方。而坐西南，西北、東北及西的西四宅，魚缸不宜擺放在客廳的西、西南、西北及東北這四個吉方。如果住房是東四宅，魚缸應該擺放在客廳的西南、西北，東北及西方這四個凶方，而如果是西四宅，魚缸則應該擺放在客廳的東、東南、南及北方這四個凶方，把魚缸擺放在凶方，可收化煞之效，又可增加靈氣，令家中倍添生機。

3. **魚缸切勿擺在沙發背後**─從傳統住宅學角度來看，以水來做背後的靠山是不妥當的，因為水性無常，倚之作為靠山，便難求穩定。因此把魚缸擺在沙發背後，一家大小日常坐在那裡，便會無山可靠，影響宅運的安定。而若是把魚缸放在沙發旁邊，則對住宅並無妨礙。

4. **魚缸切勿與爐灶相沖**─魚缸多水，而廚房的爐灶屬火，因為「水」與「火」相沖，故此客廳的魚缸倘若與廚房的爐灶形成一條直線，這便犯了水火相沖之忌。魚缸與爐灶對沖，會對家人的健康有損，原因是水火相沖，水能剋火，受害的是屬火的爐灶，而靠這爐灶煮食的家人，也會因而連帶受害。此外，魚缸擺放應儘量避免與神台成一直線相沖。

5. **魚缸切勿擺在財神之下**─正如俗語所謂「財歸財位」，所以福祿壽三星這類財神便應擺放在當旺的財位，這才可錦上添花。若把財神擺放在魚缸之上，就大錯特錯。因為魚缸本應

放在住宅凶方，倘若把財神擺放在魚缸附近，這便與「財歸財位」的原則矛盾，而且把財神擺放在魚缸之上，那便犯了傳統住宅學的「正神下水」之忌，會有破財之虞。

6. **養魚數目宜與宅主的五行配合**—到底在魚缸中養多少條魚才符合傳統住宅學之道，主要應根據宅主的命卦五行而定。「河圖洛水」的天地生成數口訣云：「天一生水，地六成之；地二生火，天七成之；天三生木，地八成之；地四生金，天九成之；天五生土，地十成之。」根據以上推定，只要找出屋主的命卦五行，便可查知應該養多少條魚來配合。

舉例來說，如果屋主的五行屬「水」，那便應養一條淺色的魚以及六條深色的魚，其餘依此類推。而附屬魚類如「清道夫」(即垃圾魚)等則可忽略不計。

新生活的開始

尋覓一幢舒適完善的良宅吉屋

如何選個好房子？

人們在選購房屋時，通常慎重地考量到性價比（編按：即CP值，性能－價格比）。什麼樣的房子好？是越貴的越好，越大的越好嗎？面對開發商提供的各種房型，未來的屋主應該怎樣來選擇呢？

選屋專家總是會提醒我們，好住宅首先好在功能品質。好房子的標準，應強調符合人的居住行為。隨著住屋從生存型向舒適型及享受型不斷演進，人們花錢買屋已不單純是買面積，而是買功能、買品質、買享受。有人提出：「設計住宅，首先要設計生活」，不無道理。而我們選擇住宅，實際上也等於在選擇一種生活方式。

從前購屋的訴求「三大一小」（大客廳、大廚房、大衛浴、小臥室）已經過時了，那是針對當時住宅面積控制在廿餘坪時提出來的，目的是在有限的總面積裡，把房子設計得更舒適、實用。隨著人們居住水準的提高，普通住宅的面積有了穩定的擴大，三房一廳的住宅基本已達到三十幾坪，從生存型發展到了舒適型。面積擴大了就要求住宅寬敞，空間功能關係合理，做到公私分區、動靜分區、潔汙分區，功能要求越來越精細。比如一個客廳演變為一個客廳加一個餐廳，又如增加書房、電腦間、貯藏室等空間。衛浴也由洗臉盆、馬桶、浴缸這三件基本配備，演變為多功能，另分化妝及淋浴間，乾濕分離，各種設備分區使用。在總面積相同的前提下，這些功能配置合理的房子，才是好房子。

挑選房子從應哪裡入手呢？建議您首先要看房子的方位，即在社區內所處的位置、座向、樓高、視線是否開闊、自然景觀及人造景觀是否優美、採光日照是否充足。第二要看房子的功能空間配置，是否體現了「以人為本」的精神，滿足居住者的生活需求，實現居住者舒適、安全、衛生和健康的生活目標。比如起居間是否好用，面積、佈局是否合理。按照健康住宅的面積標準，客廳面積不要小於四坪，如能達到八坪較為合適，大於十二坪則不能為一般階層所接受。起居間過大不僅易失去溫馨感、親和感，還會自我感覺冷漠、孤獨。由於現在主臥室已逐漸成為人們的重要生活空間，舒適性的要求提高了，面積也應適當加大。可進入式衣櫃的出現，也使得主臥室的佈局更為合理，房間進深適量增加。一般計為，主臥室面積不應小於三坪，五坪較為合適。

客廳和主臥室應避免互相干擾，相對獨立，這時可以多加一條內廊。有人認為此內廊是浪費了面積。其實廳臥相連的房型雖然沒有內廊，但廳內諸多房門附近不好利用，而且臥室受干擾大，動靜不分。比較而言，廳臥分離，臥室的私密性得到保證，廳臥功能互不干擾，能更好地滿足住戶的各種需求。

然後要看廚衛的配置是否科學，能否體現潔汙分區的原則。要注意管道的走向安排是否合理，注意房內有無公共管線，如消防管理，上下水公共排管等。最好選擇集中管道外移、各種管道不穿過樓板的房子。

除此之外，還要考察門窗的密閉效果，上下樓板及相鄰的分戶牆是否隔音，施工質量如何，有無漏水等。

旺宅的要素

現代人追求健康的生活方式—食要吃野菜，飲要喝純水。在居住要求方面，越來越多的人不能容忍擁擠的樓距和渾濁的空氣。有條件的市民紛紛住到有大片園林、空氣清新的社區裏。更多重視健康的買家開始關注山水社區、環境清新的中高檔社區或郊外別墅，這些社區也因其天然的優勢而掀起了一股購買熱潮。

1. 座向當旺

選宅自古就有「坐北朝南」、「坐西望東」的習慣，座向對住宅很重要。住宅中的座向不是以一間房的大門為向，而是以一棟樓的入口為主。判斷一棟樓是否當運，傳統住宅學術中的記載十分繁複，簡單說來，水或馬路在東方則是旺財之宅，如在西方有水則是破財之宅。

2. 顏色要明亮

人的面相有氣色之分，紅光滿面表示運氣好，其實房子也是有氣色可觀察的。如是新建大樓，顏色一定要選擇暖色系，大紅大綠或是太過陰暗的顏色都不好。

顏色過豔是非多，而顏色過暗，則會死氣沈沈。如是舊樓，從外表就可知此樓之吉凶，好的樓，其外牆有光澤透出，反之是暗色的。

3. 房子要方正

做人要方正，長相也要方正。屋相如人相，屋也一定要方方正正，忌諱三尖八角。方正的房子給人一種穩定安全的感覺，而不方正的房子給人一種不安全的感覺。

4. 周邊環境好

購買房子，周邊的環境也相當重要。要考慮房子的周邊有無以下情況：四面有樓、天橋和霓虹燈招牌、強光反射、噪音大、氣味不妙、靠近馬路、橋或馬路成反弓、大樓右方的土地被人挖掘過、走廊過長等，此外房子也不要正對醫院、電塔、垃圾堆、電線桿等空氣渾濁或輻射較大的地方。

5. 陽氣要充足

中國傳統文化的精髓在於陰陽的平衡，人要陰陽平衡，房屋要陰陽平衡，房屋的光線也要陰陽平衡。陰陽平衡萬物得以生長。房子的窗戶太多，陽氣過盛，不符合傳統住宅學理論宣

揚的聚財斂氣之道；窗戶少，終日不見陽光，太暗，陰氣重，容易滋生細菌，導致主人病痛多。所以房子的光線適中，陰陽平衡，則財運也好，身體也會好。

6. 水火忌十字

　　這裡的水是指廁所，火指廚房。古書有云：水火不留十字線。意思是說在房屋的正前、正後、正左、正右之位置和宅的中心點位置不宜有廚房及廁所。這是基於以下考慮，廁所是污穢之地，要居不利之方，而廚房是煮食之地、獨陽之地，要居有利之方。而現代建築中，廚、廁都是固定的，所以購買時一定要仔細觀察，不要在十字線上。水火相犯，易生不如意之事，財運反覆，疾病叢生。廁所在屋子中間的話，濁氣難以排出，易得心、胃、肝、肺、小腸等疾病。

7. 房子忌直沖

　　大門直沖陽臺、窗戶，前後門相對沖，前後窗戶相對，陽臺與窗戶對沖，這些都不利於宅主的日常行動，易發生因不小心而造成的事故。

8. 大小要適中

　　買房子不是越大越好，要根據居住的人口多少而決定大小，太大或太小都不好。屋大人少則陰多陽少，屋小人多則陽多陰少，看著那麼多的人在自己狹小的住宅空間中想必心情也好不到哪兒去。

9. 樓層要適合

　　太高的樓層接觸不到地氣，不利於人身體的健康；樓層太低，房屋的採光不好，潮濕寒冷，易給主人招致病痛。

細看住宅的「八方」

觀察住宅的「八方」是一門學問，這門學問來自於《陽宅》一書。《陽宅》是一部既古老而又神秘的古文化著作，幾千年以來，一直流傳至今，在三皇五帝時，相傳堯在選宅和選墓時，特別講究，其於死時造了七十二座墓，一是為了不讓人知道他的真身在什麼地方，二是布下九宮八卦以圖大吉大利，讓後代子孫世世代代都做國家的主人。1956年在中國大陸的山東鄆城縣，陸續有七十餘家關於陽宅的書集被發堀，時至今日，社會上已經又出現不少關於陽宅的書籍論述，意義和應用方法大同小異，但在實際應用和探討中也有不少爭議之處。

陽宅的八個方位用八個字來表示，古人稱之為「八卦」，即：乾、坎、艮、震、巽、離、坤、兌。乾表示西北方，坎表示正北方，艮表示東北方，震表示正東方，巽表示東南方，離表示正南方，坤表示西南方，兌表示正西方；又把八卦按五行分為：乾為金，坎為水，艮為土，震為木，巽為木，離為火，坤為土，兌為金；又把八卦分為男女老少，即：乾為男，為男子當中的年長者，即老父，震為長子，坎為中子，艮為少子，坤為女子，當中的最長者即為母親，巽為長女，離為中女，兌為少女。又把八卦分為陰陽，即乾、坎、艮、震為陽；巽、離、坤、兌為陰。然後按男女老少所占的方位再根據門向排成六十四卦，以定吉凶，也有的書以九星佩書宮（即八卦八個方位加上當中的位置─院井）定吉凶。

在《陽宅三要》中以三種要素來定吉凶，一是看大門，二是院內主人住的位置，三是廚房的座向。而黃公祖師講的是五種要素，一是院牆周密無損，二是房多院小，三是人多屋少，四是六畜齊全，五是門灶安排得當。再就是《陽宅大全》、《陽宅十書》，它們的宗旨和以上兩者沒多大曲別，其他著作也是一樣，都是以五行生剋、八卦配九星、九星配八門，再根據人的宮位元等配合而成的。

在看宅之時，第一步要看大的方位，農村看整個院子，城市則看每樓層的小單元，看小單元的時候也是以八卦九宮配以大門來論的，先以卦位來論的話，每個位置必需要完整，不能缺少一個方位，否則便是少了一個人或是人體上的一個部位，如：一陽宅從東北角的邊緣至東南角的邊緣長十五公尺，從西南角的邊緣到東南角為十七公尺，從西南的邊緣到西北角的邊緣為十公尺，從西北角的邊緣到東北角的邊緣為十二公尺，這個例子就稱為缺乾方。

母	少男	中男	長女	長男	中女	少女	父
坤	艮	坎	巽	震	離	兌	乾
南 方	南 方	南 方	南 方	南 方	南 方	南 方	南 方
西南	東北	北	東南	東	南	西	西北
土	土	水	木	木	火	金	金

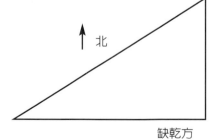

北

缺乾方

綠化的重要

綠化程度是現代選屋的考量因素之一。而早在千百年前，傳統住宅學思想便已主張在宅地周圍綠化，舊制規定：天子地高三例，樹以松；諸侯半之，樹以拍；大夫八尺，樹以柔；士四尺，樹以桃；庶人無墳，樹以楊柳。

樹木是衡量風水好壞的標準之一。《葬書》云：「土高水深，郁草茂林，貴若千層，富如萬金。」草木繁茂則生氣旺盛，擴蔭地脈，宜於居住。因此有俗語云：「樹木彎彎，清閒享福。高樹般齊，平步雲梯。竹木回環，家足農祿。桃樹向門，蔭底後昆，門前有槐，榮貴生財。」

樹木是擋風的綠色長城。平地水急，非有樹障不足以護生機；山谷風重，非有樹障不足以禦寒氣。風吹氣散，樹檔氣聚。此外，樹木在光合作用下，吸收二氧化碳，釋放出氧氣，在淨化環境空氣方面扮演著重要角色。風水理論把環境周圍的樹木分為三類：抵擋煞氣（西北風）的為擋風林，一般在西北方，或在山谷；房屋背後的為「攏座林」，可襯托並屏護住家；房屋前面的為「下墊林」，以青翠整齊為吉，擋風林與攏座林則以高大厚實為吉。

綠化是中華文化優良傳承的一部分，山東曲阜孔氏家族世世代代種樹，已在孔宅周圍載種了十萬多株，方圓二百多萬平方公尺，這是人工創造的最大風水林。風水林保護了當地生態，也使儒家傳人引以自豪。

隋煬帝時曾對展開過一次大型的植樹活動，唐代詩人白居易在《陽堤柳》中曾云：「大業年中煬滅子，種柳成行伊流水。西自黃河東接水，綠影一千五百里。」唐代柳宗元在做廣西柳州刺史時，帶頭植樹，有詩：「柳州柳刺史，種柳柳江邊。」宋代蘇東坡愛梅成癖，杭州西湖有一株九百多年的梅，相傳就是蘇東坡親手栽種。清代左宗棠擔任陝西總督時，「新載楊柳三千里，引得春風度玉關。」這些「為官一任，造福一方」的先賢遠見是值得景仰的。

綠意不僅使地方有生機之氣，更有調節生態的作用。樹木可吸收過濾空氣中有害物質、降低粉塵、清除噪音、涵養水源等，柳杉、刺槐和白楊可以吸收空氣中的二氧化硫；女貞可以抗氧化；檜柏林能分泌殺菌素，殺死白喉、肺結核、痢疾等病菌。夏天，綠化地區氣溫比非綠化地區的氣溫低攝氏0.8度，森林中的氣溫比庭院低攝氏3度左右，比城市的林蔭大邊低1攝氏度左右。秋天以後則相反，綠化地區比非綠化地區暖和。由此可見，綠化的環境對人體健康十分有益。

住宅周圍的高低

以建築物為中心，而從其周圍地勢的高低判斷此建築物之吉凶的方法，是自古沿用自今的法則。在《營造宅經》中記載(以下所有的方向都以建築物為中心)：

西高、東低，此為富貴豪雄之家；

前高、後低，則家門斷絕；

住宅以平坦之地為最佳，命理學稱為梁土；

北高、南低曰晉地，晉地宜人居住；

西高、東低曰魯土，魯土出賢人和富貴之人；

南高、北低曰楚土，楚土屬凶；

東高、西低曰齊土，齊土不宜經商；

四方高、中央低的土地叫衛土，住在衛土之地，先富後貧，有火災的危險；

東南高、西北低的土地，陰陽相剋，即災禍最多的凶地。

人類在自然界中生存，當然受到各種自然環境的影響。所以，不能輕視自然界和我們人類的密切關係。古人曾經說過：「山水廣大，出度量寬宏之人；山川狹窄，出胸襟狹隘之人；四山端正，水清淨，出光明正大之人；山高水長，則福澤必久。」

古人所說的，也極適用於現在的時代。住在寬敞的房子或郊外的人，心胸定開闊。相反，住在人多而密集的小巷或建築物忽高忽低的住宅中，一個人則容易變得脾氣暴躁、性情怪癖、眼光短小。因此，住宅周圍的環境深深地影響到居住人的情緒與心性。不要看房子外形美觀、內部設施齊全就買，否則可能替自己鑄成大錯。

社區內部環境

人是社會性動物，居住在社區中能達到相互幫助的效果，所以能在社區中生活是現代人的幸福歸宿。選擇住宅所在的社區，需要關注其內部環境。社區內部的環境，包括社區的地形、地勢、建築佈局以及山水景觀的佈置等。住宅與社區的內部環境聯繫最為密切，社區的內部環境對住宅的影響也最大，因此，選擇住宅時應當把社區的內部環境作為重點考察的內容。

1. 地形地勢

中國傳統住宅學講究天圓地方，建築社區的地形應該以方正為好。地形方正，則八卦不缺，陰陽平衡，五行和合，社區內部的氣場對居住者就會有利。而不規則的地形必然會導致某些部位的缺角，與之相對應的八卦就會出現缺陷，並造成陰陽失衡、五行失和，進而就會影響到居住者的健康和運氣。

有的社區三面被道路包圍，呈現出三角地形，這種地形也是不好的，因為道路多了，交通便會繁忙，接著而來的便有噪音及空氣污染，極易危害居民的健康。有人作過專門統計，在三角形地域居住的人，癌症的發病率明顯偏高。因此在選擇住宅時一定要慎重考察社區的地形。當然，嚴格意義上的方正地形是很少的，只要你選擇的住宅遠離缺角的部位，就可以減輕這種缺陷所帶來的不利影響。對於開發商而言，遇到這種地形，應該在有缺陷的部位按照五行生剋的原理進行相應的處理，這樣既有利於銷售，同時，又可以改善社區環境，避免給業主帶來損失。

關於地勢，有些地勢本來是很平的，但現在出於美觀、綠化的考慮，很多社區裡都會修建一些高低不平的土丘，然後在上面進行綠化。

2. 建築佈局

建築物的排列一般都是隨著地形特點進行順勢佈局，由於大部分的地形呈現不規則狀，因此建築物的排列大多不是一個朝向，建築物的佈局亦呈不規則排列。況且，即便是相對比較方正的地形，現在亦很難見到規則排列的樓房。由於受西方建築文化的影響以及人們求新求異心理的驅使，建築佈局越來越複雜，而整齊劃一的佈局則往往被看成是死板、沒有創意。事實上，樓房排列工整並不等於死板。排列整齊的樓房，前後左右的佈局相對平衡，陰陽和諧；而排列不工整的住宅，由於建築物佈置和空間分割的不對稱，往往會造成住宅社區的陰陽失衡、五行失和，並進而帶來風水上的弊端。

不規則的建築佈局還有一個嚴重的缺陷，就是容易形成一些不好的格局。比如，有的樓房的後面正好對著樓與樓之間的夾縫，或者背後是兩樓之間的道路，這種情況在別墅區比較常見。背後有路沖，或者正對樓縫是一大缺陷，選屋時一定要避開這種情況。

3. 建築物的形狀與顏色

建築物的形狀亦是需要重點考察的內容之一，包括建築本身的形狀和周圍能夠看到的其他建築的形狀。有些辦公大樓講究外形特別，遠遠望去，就像是一座墓碑，又在立面上使用暗灰色的石頭，使得整座建築看上去灰濛濛的，感覺上陰氣比較重，對外出租也就較為困難，而在裡面辦公的公司，生意也容易受到不利的影響。另外，從五行配置也須注意，建築物的頂部如呈尖形，則五行屬火，半圓型的建築五行屬金，許多公司的商標都使用到綠色，其五行屬木，而這樣的組合正好形成火剋金、金剋木，五行連環相剋的設計。另外，大樓進出的門口

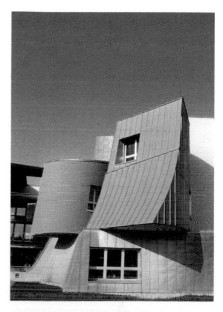

景觀也很重要，如果剛好碰到尖角造型的物件，給人一種如鯁在喉的感覺，將阻擋氣的流動，此類設計必須避免。

除了形狀之外，建築物的顏色也非常重要。現在的建築與過去的相比，不但形狀更有新意，外立面的顏色也更加豐富多彩。選擇住宅時，應當考慮所選樓房與周圍建築顏色的對應關係，看看所選樓房的顏色與周圍其他建築的顏色是不是五行相和、相互協調。一般來說，如果周圍建築的顏色五行剋本樓的顏色則不利，相反地，如果周圍建築的顏色五行生助本樓房的顏色就有利。

4. 山石景觀

「山旺人丁，水旺財」，一般來說，有山的地方，特別是一些大型的山區，人丁興旺，多出人才。比如，許多將軍和官員都是出身山區。而在水資源豐富的地方，如江南水鄉，則普遍比較富裕。現在很多住宅社區，出於美化環境的考慮，在景觀的佈置上會做一些人造假山，或樹一些石景。但應當注意的

是，這些假山和石景與自然的「山」是有很大區別的。因為這些山都是一些石塊的堆積，上面既沒有土，也沒有花草樹木。畢竟假的「山石景觀」是人建造的，如果不是精工細作便會有安全隱患，尤其是家中有小孩子的屋主，更不能對家中的山石保持放心，這樣就會使屋主在工作與生活中出現分心的情況。

5. 水景

水在傳統住宅學上講，有界氣、止氣、蓄氣的作用，也是聚財的主要工具。一般來講，房子四周的水有幾種形式：一是朝水，即當面迎朝之水；二是環抱水；三是橫水，即水從前面平行流過；四是斜流水；五就是反弓水。上述幾種水，除了反弓水之外，其他幾種水一般都被看作是好的。但是，事情都不是絕對的，同樣是一處水景，由於處於四周房子的不同位置上，它的作用也不一樣，對四周房子所產生的影響也有很大的差別，有吉有凶。通常情況下，人們在選擇住宅時，都喜歡選擇水景旁邊的住宅，原因是環境好、風景好，而處在水景旁邊的住宅一般也都比遠離水景的住宅價格要貴。然而筆者必須強調，風景好不一定就代表風水好，對於水景旁邊的住宅，選擇時應當慎重。選得好，可以助運旺財，選得不好，亦可能破財傷身。

購屋看地

古代「孟母三遷」之目的是為了改善兒子的成長環境，古今中外望子成龍之心，絕不會因為時空而改變。現代為人父母者，往往在選擇房子時，都會考慮到地區安全、交通的便利程度及環境等等。那麼作為一個房地產的投資者，除了投資房地產的第一要素—「黃金地段」的選擇外，在地形地勢方面、道路河流方面，又有哪些必須注意的投資潛在因素呢？

1. 有關地形地勢的要領

靠山坡營建的房子多為獨棟別墅，講求景觀視野，故房宅背後的地勢宜較高，而前面的地勢宜較低，但地勢較低的前面宜緩降坡，最忌層層下陷、急降坡甚或懸崖，讓人有一瀉千里的負面感受。相反地，獨棟別墅在前高後低的地勢上建築，最不適宜，若屋宅後方為急降坡甚或懸崖者更差，讓人產生恐懼感，安全方面也多顧慮。前窄後寬或前寬後窄的建築基地，氣勢減弱，給予人不良印象。建築基地較四周地勢低者，下雨時容易積聚水氣，除較為潮濕外，亦讓人有不開朗的感覺。建築在山上別墅，本可遠離塵囂享受寧靜悠雅之居住環境，但若地勢愈高愈偏僻，人煙自然愈少，若四周空曠無其他別墅比鄰，這類產品絕非投資保值的優良目標。

2. 有關道路河流的要領

屋宅前面的道路或河流適逢U字型轉彎處，若屋宅在U字弧內者，狀似在護城河內側的城堡，在心理上偏向穩健兼具信心；而設立在U字弧外的建築物，狀似被排擠在外，缺乏安穩的感覺。建築物地基呈現三角形，而建築物配合地基建造，也呈現三角形並帶銳角，處於Y字形之分叉路口，汽車在屋宅左右兩邊進出，車流過於動亂煩擾，不符合屋宅應四平八穩的原則。屋宅前面逢T字形道路或河流，而屋宅建築位居車流或水流縱橫交錯之交會點，亦過於煩擾動態，不符合屋宅宜四平八穩的原則。

3. 有關巷道及人行道的要領

屋宅前面的人行道宜寬闊平整，屋宅與馬路間保持一段適當的緩衝距離，誰也不會喜歡屋前的人行道狹窄，使屋宅緊臨馬路。若該路段車速經常超過70公里以上者，不但安全堪慮，且行人匆匆經過，難聚人氣。屋宅前的人行道由內往外傾斜，其傾斜度若超過7度以上，讓步行經過人行路段者，感到平衡性不佳，一樓商鋪自然難聚人潮。屋宅前面的巷道胡同，若過於狹窄，讓人產生壓迫感亦不宜。在「死巷」內的屋宅，通風不良，於消防方面的顧慮亦相對增加，愈接近「死巷」底部之屋宅愈不宜投資。

以上所提示的是三項有關地形地勢、道路河流及巷道、人行道方面的選擇要領，這樣投資者在選擇同類型產品時，在不同區位的配置上，就不難做出明確的決策。

買屋必看的細節

「住」對於人生來說是不可不察的大事，而個中細節則需要讀者慢慢學習：

1. 每個房門在開啓關閉的時候是否順暢。有些粗糙的建案偏偏就是門關不上。

2. 窗邊與混凝土界面有無縫隙。窗框屬易撞擊處，框牆接縫處一定要密實，不能有縫隙。

3. 房屋內各處開關窗戶是否太緊，開啓關閉是否順暢。

4. 已裝修的地板有無鬆動、爆裂、撞凹，行走時是否吱吱作響。

5. 屋頂上是否有裂縫。一般來說，與橫樑平行的裂縫，屬常見通病，雖有品質問題，但基本上不妨礙使用，如果裂縫與牆角呈45度斜角，甚至與橫樑呈垂直狀態，那麼就說明房屋沉降嚴重，該住宅有嚴重結構性問題。

6. 看屋頂部是否有麻點。這種麻點專業稱「石灰爆點」，是石灰水沒有經過足夠時間的熟化所致。如果頂部有麻點，對室內裝潢將帶來很大的不利影響。

7. 牆身頂部有無部分隆起。用木棍敲一下有無空聲。

8. 坐廁排水是否順暢，沖水聲響是否正常，水箱有無漏水聲。

9. 浴缸、洗臉盆與牆或櫃的界面處防水是否妥當。

10. 衛浴及廚房內是否有地漏，坡度是否對頭，絕不能往門口處傾斜，不然水要流進居室內。

11. 試一下房屋內所有的開關、插座及總電源有無問題。各種電路、電視孔、電話插座的位置等，也應仔細了解。30%的火災是由於電氣事故引起的，這與電氣線路的設置有相當的關係。為了用電的安全和方便，每間住宅裡的回路數不宜少於五個。增加回路可以保證電線的使用壽命，減少

短路火災事故的發生。

12. 屋頂有無水漬、裂痕。如有水漬，說明有滲漏之嫌。如果你是頂層房子的住戶，那麼觀察一下頂層是否滲漏是絕不能忘記的。

13. 水管的材質。目前大部分供水管採用銅管。銅管可安全使用50年。銅可以抑制細菌生長，增長水中的銅含量，有益健康。

14. 試瓦斯、熱水器等開關是否正常。

15. 房間、客廳各種管線是否外露，是否有管線穿過。因為有較多管線穿越，會造成裝修困難，也會造成視覺上的障礙，影響整體感。

16. 自來水水質。

17. 牆身、樓板有無特別傾斜、彎曲、起浪、隆起或凹陷的地方。最簡單的辦法是拿手電筒照射牆面和樓板，有無凹凸一眼就能看出來。

18. 檢查屋內是否清潔，有無殘留建築垃圾，查看所有可以拆開的空間內是否有垃圾。

19. 要求開發商出具該建案的竣工報告和測繪單位的實測面積明細表。

20. 要求廚衛裝修物品的使用說明書，同時詢問這些物品有關的保養事宜。

21. 檢驗浴室、廚房地面的去水位斜度能否將積水排走。檢驗法：當場倒水檢驗。

22. 看房時應帶小電器一個，插入屋內各個電源插座檢查電源是否已全部接通。

23. 看房時應帶直角尺一把，測量牆身、地板是否平直。

24. 檢查浴缸有否滲水。一些細微裂痕可能難以用肉眼發現，檢驗法：往浴缸放一缸水，並在水平線附近留下標記，第二天再去查看水位，因蒸發作用可能水位會輕微下降，但如果下降太明顯可能就是浴缸滲水。

家居新氣象

改造運勢的室內裝修

裝修主要為方便

近年來，社會上掀起了一波又一波的「裝修熱潮」，這股熱潮當中，很多人都重視表面上的虛榮與豪華氣派等講究，卻忘了裝修的重要目的應是為了讓屋主的生活更方便。

1. 方便的門廳

進門換鞋已成為許多家庭的習慣，一堆零亂不堪的鞋堆在進門處，顯然是極不雅觀的。因此，設計門廳時，可以做兩個暗藏式鞋櫃，再在旁邊附帶設計一個造型美觀的坐凳，實用的同時也兼顧居室的美觀。

2. 寬敞的客廳

一個客廳看起來是否感覺舒服，很大程度上是取決於沙發的擺放，所以一定要根據客廳的大小選擇沙發。沙發朝向應避免朝向門口及廚衛，注意須預留出足夠的活動空間。

3. 舒適的臥房

床的擺放應該避免正對窗戶，應讓光線從床的背面射進來。衣櫃不宜太深，以免造成通道狹窄，甚至使衣櫃不能完全打開，造成取物困難。

4. 清爽的廚房

廚房的抽風條件至關重要，而抽風的效果直接取決於抽油煙機與瓦斯爐的距離(最好不超過76公分)。多準備些插座和開關可有備無患。

5. 防水的浴廁

如果有木製櫃子，要避免接觸地面以防弄濕。地磚一定要選用防滑地磚。天花板勿貼瓷磚類飾材，否則，洗澡時蒸氣升騰遇冷容易凝成水珠往下滴。

室內裝飾須講究

《黄^{帝宅經}》曰：「宅者，人之本。人以宅為家，居若安即家代昌吉。若不安，即門族衰微。」所以，居室內部裝飾要注意以下的要點：

若住宅的大廳較暗，可利用牆壁上的壁掛或圖畫來彌補缺陷，如向日葵等向陽花，吸收陽剛之氣，是謂「向陽花木易為春」。另外掛畫應以光明正大的內容為宜，避免孤兀之物，如孤鷹、孤石等等。貓畫掛在客廳者亦不宜，可能產生損財盜失、經濟困難、家庭失和、散財。諺云：「狗來富，貓來窮、豬來穿麻衣。」貓來為窮之象也，因此貓畫若掛廳堂，無形中便會有不吉的影響，這就是理氣使然。很多人居家都放一些存錢筒，亦同此理一放聚財豬好過招財貓。如懸掛山水畫，要觀其水勢向屋內流，不可向外流。因「山主人丁，水管財」，水流入乃進財寶，水流出為喪財勢也。如畫中有船，要使船頭駛向屋內，切忌駛出屋外，向出看損財丁，向入看招財進寶，可言滿載而歸，吉慶也。對家居吉利的字畫，有象徵富貴榮華的牡丹花畫、象徵年年有餘的蓮花及錦鯉圖、象徵健康長壽的松柏長青圖等

等。至於「字」則宜掛寓意吉祥、善頌善禱的書法。

客廳及房間內掛鐘是必須的，如帶有鐘擺則更佳，因為室內無人時，氣是靜止的，鐘的擺動能令室內的氣律動起來，使靜止的房屋有活力。不明理氣者，把鐘掛在廳堂的正中亦為大錯，因為時鐘的「鐘」字，音象「終」，掛往廳堂的正中，則無論何人一進門，一抬頭就見鍾（見終），宜掛旁側為吉。

金魚常被稱為風水魚，可彌補家居上的缺陷，並令住宅充滿活力，引起生機，但必須注意魚缸大小須適中，周圍不可堆放其他雜物，不能正對灶台位，因為灶台位屬火，與水相剋。

房間的綠色植物亦須注意，富貴竹、發財荷等，充滿生命力，製造氧氣，對居室有益。雖然不必強求四季鮮花，但必須常綠常青，如有枯萎，儘快更換，這個道理與養魚是同源的。

不管房間住人不住人，門窗應該常開常閉，令氣勢流動，空氣更新，做到「流水不腐，戶樞不蠹」。另外，大門門縫不可過大，免得從地下洩氣。

如果屋小，則傢俱不宜太大，懸掛的鏡子亦然，這都是從比例原則來考慮的。

有些屋主喜歡在門上使用獅子銅環作裝飾，殊不知這並不適於我們現代生活。過去的封建社會，只有官府衙門和羈留人身的監獄可以用獅子的門環，甚者會在門首上用泥塑上浮雕，通常是一隻大獅子張口，左右兩邊獠牙，獅口即是獄門，犯人都從這裏進出，因獅頭能令見者懾服，如此可見其作用。現代人在家中濫用，實是自尋煩惱。

有些人家中喜用八卦鏡、風鈴等物，又不明就理，其實這類物事不可亂用，免得傷身。如有格局方面的破綻，最好以裝修或植物來化解。

房間的顏色以白、黃、藍、綠諸色為佳，木色亦可，忌用黑色，少用灰色，單身人士的居室可妝點一些粉紅色。天花板顏色宜輕不宜重，因為上古天地初開只是渾沌一片，其後分化為二氣，氣之清者上揚而為天，而氣之重濁者下沉而為地，於是才有天地之分。客廳的天花板象徵「天」，顏色當然是以輕清為宜。所謂輕清，是指較淺較淡的顏色，例如淺藍色，象徵晴朗藍天，而白色則象徵白雲悠悠。地板的顏色則宜深，以符合天輕地重之義。住宅作為一種存在的空間，是人類養精蓄銳的場所，人因宅而立，宅因人而存，人宅相通，感通天地。所以看屋買屋，一定要從人自身的利弊出發，用心體會，細意觀察，才能順利找到風生水起、稱心如意的居所。

注意選顏色

我們生活在一個五顏六色的世界，必須對顏色的調配有研究，並配合對人體生理機能的研究，才知道如何使用多種顏色佈置於身邊。否則，既增加困擾，又浪費金錢，真是自討苦吃。

住宅顏色對於居住者來說，影響是各方面的，關係到個人生理的視野疲勞，也關係到人的心理暗示，因為環境色彩可作用於其中的人，所產生的後果可以決定我們生活、工作的順利與否。有些家庭的子女個性怪異，全家雞犬不寧、孤僻症、暴躁症等，當中親身體驗的法則詳述如下：

家中全部深藍色，時間久了，家裡無形中陰氣沉沉，成員個個生性消極，屋內也欠平安。

家中油漆紫色多者，雖然可說是紫氣滿室香，可惜紫色中所帶有的紅色系列，無形中發出刺眼的色感，易使居家的人心中有一種無奈感覺。

家中常漆粉紅色者，易使人心情暴躁、發生口角、爭是非，吵架之事頻繁，尤其新婚夫婦，為了調節閨中氣氛，常大量使用粉紅色，雖然應是極羅曼蒂克的，但如使用比例不調

和，過一段時間後，易使人產生心火，容易為芝麻小事吵架，最後走上離婚不歸路。

家中漆綠色多者，也易使居家者意志消沉。並非如一般人所想的—眼睛應多接觸綠色，事實上，眼睛應多接觸的綠色是指大自然之綠色，而非人為之調配綠色。所以，漆綠者會造成室內死氣沉沉，而非生氣蓬勃。

紅色在中華文化被視為吉祥色，但依韓國習俗死人家中用紅色布代表，各國依生活習俗象徵意義有所不同，然而紅色多者，眼睛負擔過重，使人的心情暴躁，所以紅色只可做為搭配之少部份色調，不可做為主題之色調，至於佛寺廟宇則與住家不同可另當別論。

家中之顏色最佳為乳白色，象牙色，白色，這三種顏色與人之視覺神經最適合，因為太陽光是白色系列，代表光明，人的心，眼也須要光明來調和，而且家中白色系列最好配置傢俱，白色系列也是代表希望。

家中漆黃多者，心情悶憂，煩熱不安，使人意識易生幻覺，精神疾患者最忌此色。

家中的照明

燈火就像家中的小太陽，帶來溫暖光明的能量，提升居家環境的氣場。佈置良好的室內照明並不困難，有時候只要運用一點常識就行了。例如，閱讀和工作區域要加強照明，而睡床則要避免燈光直接照射，以免難以入睡。

家庭照明設計的基本原則就是要避免形成陰暗區，所以不要使用單一的中央光源，而要用多組光源的組合。地燈是一種選擇，或者也可用較經濟的檯燈。最好選擇彎柄的檯燈，以便調整光源的角度。

目前電器行和量販店很容易可買到各種亮度和色澤的燈泡，可依室內裝潢的色系，選擇適合搭配的照明。此外，微調式開關也方便調整室內照明的亮度。

最好避免使用日光燈，因為日光燈會使人容易疲勞，心煩氣燥，應該改用柔光燈泡。牆壁建議刷成淡色，以使室內更為明亮。

此外，蠟燭也是營造室內氣氛很好的工具，我們用它來紀念特別的日子、營造氣氛、美化環境。目前市面上販售許多加了香料的蠟燭，不過多半添加合成香料，不妨買不加香料的蠟燭，自行添加天然精油。

人性化的家居設計

最近，有設計師針對現代人的裝修迷思提出現代家居理念，認為居家空間及功能設計要有人氣。

陽台應有生活趣味。設計師認為，取消陽台的設計會讓居室「死」掉。陽台是人與自然交流的空間，特別是家有老人的家庭，陽台上的一棵植物、一桌棋盤、一張躺椅，都會讓整個居室生動起來。

裝修後的房子應讓居住者保有開闊的視野。過多、過厚的天花板吊頂會讓居住者產生壓抑感。家裡應少用阻隔視線的玄關材料，通透、線條簡單的設計是現代人最需要的。如果對西方生活習慣和文化缺乏深入的瞭解，最好摒棄羅馬柱、西洋雕塑等裝飾。

現代人生活節奏日趨加快，獲取資訊的管道增多，不少人並沒有多餘的時間專供閱讀書籍，因此把書藏在書房裡已沒有太大意義。如能把書房搬進客廳，即可隨手閱讀。在這種氛圍裡，孩子會很自然受到薰陶，養成愛讀書的習慣。

很多家庭模仿國外的家庭裝飾，喜歡在酒櫃裡放置洋酒，這也是個迷思。要知道，東西方的酒文化有很大差異，如果對西方酒文化缺乏瞭解，不免留給他人虛偽做作的印象。

給孩子留一個自由空間─不要為了保持客廳的整齊和清潔，過早地把孩子趕進書房單獨學習或遊戲。孩子學習或遊戲時最需要別人的鼓勵。他們給家庭帶來的歡樂也最多。父母應把有限的時間和空間留給孩子，因為孩子在迅速成長，與他們共處的時間不會很長。

盡量不要約束孩子隨意塗畫的天性，那是他們在表現想像力。可以在裝修時給孩子留出一面創意牆，讓他在上面隨意打釘子、塗寫。甚至把孩子從野外撿來的樹根、樹葉、石頭等物品也搜集起來，清理乾淨後與孩子共同製成裝飾標本，留作永久紀念。

好房子巧佈置

　　一般的家庭進行居家佈置與裝飾時，僅從實用、新穎、美觀上考慮，缺乏科學的統籌，在科學知識越來越普及的今天，這種現象應該改變。例如，市場上出售的書桌和椅子，都是按照人們的平均身高設計的，對於身材過高或過矮的人來說，使用起來一定會感到不舒服，解決這類問題的辦法，就是去了解每個家庭成員的特點，注意傢俱在人體工程學方面的功能要求，根據人的活動規律、人體各部位的尺寸以及使用傢俱時的姿勢，再確定傢俱的結構、尺寸和安放位置。譬如，人在休息或讀書時，沙發宜軟而低，使雙腿可自由伸展，以求高度舒適並解除疲勞。寫字時則應坐在與書桌高度適應的椅子上。若能掌握一些諸如此類的人體工學和美學知識，在選購或自製傢俱時，才能使功能性、實用性和裝飾性等兼顧，這樣不但加強室內裝潢的藝術效果，還能令屋主身心健康。

　　現代化的城市高樓大廈迭起，然而對新組成的家庭而言，並不一定能在其中擁有一席之地，有的往往必須把新居安置在簡陋、甚至具有種種缺陷的房屋之中。即使如此，其實也不必煩惱，只要加以裝點修飾，便可使其具有魅力。

　　一般斜頂的臥室最好配用竹藤傢俱，桌布、椅套等都可用粗織棉布或麻布製品，這種以自然材料渲染出的環境，具有濃厚的鄉村氣息，極適合斜頂空間，有緩和的作用。如果您的房間天花板偏低，牆面花紋便應以垂直線條為主，室內傢俱如為低矮，亦可用鄉村風格的傢飾塑造溫馨的氣氛。

　　至於挑高的臥室，也別有一番風味。有些老建築，面積小，天花板高，使人感到狹小幽深。這樣的居室可以在離地2.5公尺的高處安置幾根橫樑，暴露其自然木紋，並加以彩飾，如再掛些小型綠化物，塑膠吊蘭、葡萄等，再鋪上幾塊小

綠地毯，可營造出一個充滿生命氣息的空間。

　　倘若居室背光或採光不好，可透過巧妙的設計製造寧靜氣氛。主要方法是將四周牆壁塗上偏深的顏色，天花板、地面和傢俱用淺色，燈光可向上和向地面照射，使房間顯得空曠。當然，房間的色彩以簡單為原則，通風要好。

　　有孩子的家庭，為孩子安排好趣味和遊戲空間，使其具有個性和藝術性，對豐富兒童生活、開發孩子智力有一定的益處。室外自然條件好的居室，可設法將窗外景色借入室內，或將室外建築材料用於室內，甚至可在牆壁上塗畫綠樹叢林、飛鳥蝴蝶等，使室內具有室外的特色，身居室內，猶如置身大自然中。

　　在日常生活中，會積累一些器皿，如特殊造型的酒瓶、酒壇、飲料罐等，還有茶具、餐具、果盤、煙灰缸、筆筒、茶葉筒等等，它們應該是美和實用的統一體。不能小看這些陳設品在室內的作用，就是因為有了它們，室內才增加了生活氣息。它們的實用性增強了室內的舒適感，優美的造型是室內很好的點綴。

　　至於古玩、工藝品和字畫等，則純屬裝飾性的陳設了，它們通過各種風格的形式美表現出來的理想、趣味、情調，會對人起很好的陶冶作用。

　　傳統室內設計的特點是把人生理想及對理想的追求都融於室內陳設之中，在生活環境中實現理想。書法就是一種很好的方法，可準確地表達某種情緒、思想，描繪某種事物及境界，經過精心裝裱，懸於室內，既帶給人美感，又使人受到思想的啟迪。

　　追求自然情趣和生機的裝飾物品可採用盆栽、盆景和插

花，這些屬於室內綠化的範疇。室內綠化在人工的環境中給人
以清新的氣息、豐富的色彩，是調整室內造型的理想陳設。

大門定昌吉

對於住房來說，大門是內外空間分隔最外部的標誌，也就是中國傳統住宅哲學所說的「氣口」所在。大門接納外界的氣息，猶如人體之口接納食物一樣重要。好的大門能提高主人對外的運勢，中國傳統住宅哲學中提到的陽宅三要—「門，主房，灶」及六事—「門、路、灶、井、坑、廁」均把門當作第一要素。它是生氣的樞紐、住宅的面子，又是劃分社會與私人空間的一道屏障，古人有一句話歸納得很精闢：「閉門即是深山」。

門與內、外氣的流動關係非常緊密，因為內、外氣不能通過住宅堅實的牆壁，但是通過門口則容易得多。外部大門影響

外氣進出住宅，而內部的門則對家裡的內氣影響十分巨大。每個人每天出入自家大門的瞬間，都會受到大門的影響。因此，大門究竟如何開啓，實應大有講究。

1. 開門四主向

中國傳統的南北東西四大方位以四種靈性動物來象徵表示，分別是：孔雀、蛇龜、青龍、白虎。其方位口訣為：「前朱雀，後玄武，左青龍，右白虎」。一般的房屋開門有四個主要選擇，即：開南門（朱雀門），開左門（青龍門），開右門（白虎門），開北門（玄武門）。

傳統住宅學上，以門的前方有明堂為吉，如果前方有綠茵，平地，水池，停車場等，以開中門為首選。如前方無明堂，則以開左方門較佳，因為左方為青龍位，青龍為吉。而右方屬白虎，一般以白虎為劣位，在右方開門就不佳。而開北門為玄武門，更是不吉，有「敗北」之意，國外亦稱之為鬼門。

2. 開門須配合路形

(1) 開朱雀門：

前方有一寬敞綠茵，平地、水池，停車場，即是有明堂。這樣，外氣聚於前就用中門接收，門便適宜開在前方中間。

(2) 開青龍門：

傳統住宅學裡以路為水，講究來龍去脈。地氣從高而多的地方向低而少的地方流去，如果大門前方有街或走廊，右方路長為來水，左方路短為去水，則宜開左門來牽引收截地氣。此法稱為「青龍門收氣」。

(3) 開白虎門：

如果大門前方有街或走廊，左方路長為來水，右方路短為去水，則住宅宜開右門來牽引收截地氣。此法稱為「白虎門收氣」。

3. 東四宅和西四宅

根據周易的後天八卦原理，可將住宅根據坐向不同分成東西四宅，其中震宅、巽宅，離宅，坎宅是東四宅；坤宅、兌宅，乾宅，艮宅是西四宅。同時，也根據人的生肖與性別的不同將人分成八種命卦，分別是震命、巽命，離命、坎命、坤命，兌命，乾命，艮命。

命卦屬震，屬巽，屬離，屬坎的人，最適合他們的居所是東四宅；而命卦屬坤、屬兌、屬乾、屬艮的，最適合他們的居所是西四宅。

4. 大門的座向

住宅的座向是按大門所朝向的方位而定。我們站在屋內，面向大門，則所面向的方位便是「向」，而與「向」相對的方位便是「坐」。

震宅坐東方，大門向西。
巽宅坐東南方，大門向西北。
離宅坐南方，大門向北。
坤宅坐西南方，大門向東北。
兌宅坐西方，大門向東。
乾宅坐西北方，大門向東南。
坎宅坐北方，大門向南。
艮宅坐東北方，大門向西南。

宅位與座向	
震宅	坐東向西
巽宅	坐東南向西北
離宅	坐南向北
坤宅	坐西南向東北
兌宅	坐西向東
乾宅	坐西北向東南
坎宅	坐北向南
艮宅	坐東北向西南

如果命卦與宅卦不合，比如東四命的宅主居於西四宅中，則可通過改門來避免。改變門位的方法是：在門內加置屏風。屏風在古代家居中的重要性甚大，凡廳堂居室必設屏風。其有三大作用：改變門位、分隔空間、保護私隱。而根據製作材料的不同，又分成玻璃屏風、雕鏤屏風、書畫屏風等。屏風的特點是占地面積小又容易靈活移動，在以下的情形裡，作為化解外煞的工具，屏風都可以發揮重要的作用。

(1) 穿心劍：大門如果正對走廊或通道，其形如利劍穿心於人，這樣的格局叫穿心劍。如果住宅內部的進深小於走廊的長度，則為禍最大。如住宅的大門正對大路，建議種上環形的樹叢花叢，以圓潤的屏障來化解直沖而來的外力。

(2) 樓梯退財：如果大門正對樓梯，會形成兩種不同的格局。一是正對的樓梯是向下的，則家中的財氣極有可能向下流逝，因此要在門後設置屏風來阻止內財外流，另一種情形是正對向上的樓梯，則毋慮財水外流，若在門內放置大葉植物如發財樹、金錢樹等更可引財入室。

(3) 電梯吸氣：大門正對電梯，正好犯沖，本來住宅是聚氣、養氣之所，如今與電梯直對，宅內之氣則在其開閉之間，被其盡數吸去散往他處，可謂大忌，因此要在門後設置屏風以拒內氣外洩。

5. 入門宜有三見

開門見紅，也叫開門見喜。即一開門就見到紅色的牆壁或裝飾品，有喜氣騰騰之感，居住者容易感覺溫暖振奮，心情舒

暢。

　　開門見綠。即一開門就見到綠色植物，生趣盎然，又可收養眼明目之功效。

　　開門見畫。若開門就能見到一幅雅致的小品或圖畫，一能體現居者的涵養，二則可緩和進門後的倉促感。

6. 入門宜有三不見

　　開門見灶。《陽宅集成》云：「開門見灶，錢財多耗」。即入門見到灶，火氣沖人，令財氣無法進入。

　　開門見廁。一進大門就見到廁所，則猶如穢氣迎人，這裏有個「晏子使楚」的典故：春秋時，齊國大夫晏平仲奉命出使楚國，楚王欺他個子矮小，存心要戲弄他，下令不讓他從高大的城門通行，而在城門旁挖了個狗洞讓他進入。結果極具智慧的晏子見狀就說：「如果我是到人國訪問，就請讓我走人洞；如果我是到狗國訪問，那我就走狗洞嘍。」搞得楚王十分難堪。進門見廁就同此理。

　　開門見鏡。鏡子會將財氣反射出去，如果不是大門直對沖煞或污穢之物等，則不宜正對大門。

7. 大門的兩大忌諱

　　橫樑壓門，如一進門即受壓制，則住家中人丁無法出人頭地，一世仰人鼻息、鬱鬱不得志，壓抑終生，此乃大忌也。

大門做成拱形門，狀若墓碑，類似陰宅，很不吉利，這種情況在家居裝飾中時有所見，特別需要避忌。

8. 大門的顏色與尺寸

大門的顏色最好與屋主的五行之色匹配。

金命大門吉祥色：白、金、銀、青、綠、黃、褐；

木命大門吉祥色：青、綠、黃、啡、褐、灰、藍；

水命大門吉祥色：灰，藍，紅、橙，白、金、銀；

火命大門吉祥色：紅、橙、白、金、銀，青、綠；

土命大門吉祥色：黃，褐、灰、藍，紅、橙，紫。

大門的尺寸與房子應成比例，不可門大宅小，亦不可宅大門小。同時，大門是一家的面子，宜新不宜舊，大門如有破損，應立即更換。

9. 門旁擺水可招財

利用好門的功能，可以為家中招財。大門的方位可以說是掌握財運的命脈，而最簡單的催財方法就是在門旁擺水，所謂「山主人丁水主財」，有水的地方便能發揮招財氣的作用。除了水之外，所有水種植物及插花都有招財的作用，只要放在大門口附近便能生效。

10. 門檻的講究

門檻原指門下的橫木，中國傳統住宅的大門入口處必有門檻，人們進出大門均要跨過門檻，起到緩衝步伐，阻擋外力的作用。古時的門檻高於膝齊，如今的門檻已沒有這麼高，大約只有一寸左右，除了用木材製作外，也有用窄長形石條的，固定在鐵閘與大門之間的地上。

門檻還明確地將住宅與外界分隔開來，同時，門檻既可擋風防塵，又可把各類爬蟲拒之門外，因而實用價值很大，對阻擋外部不利因素及防止財氣外洩均有一定作用，對住宅頗具重要性。

安放門檻需要注意的是：門檻的顏色要與大門的顏色配合並且應謹防斷裂，門檻如斷裂，便如同屋中大樑斷裂一樣，主凶。門檻完整則宅氣暢順，斷裂則運滯，因此門檻如斷裂，必須及早更換。

引氣入門的玄關

現代的人們對於住宅的「玄關」並不熟悉，然而幾乎每一個住宅都有這樣的場所。玄關在佛教中被稱為入道之門。佛經云：「玄關大啓，正眼流通。」而在住宅結構中，玄關則特指居所的外門，是進出房屋的必經之地，是我國傳統建築的重要組成部分。

玄關是住宅核心的組成部分之一，可說是住宅的咽喉地帶，它給予進入者的感覺相當於人與人之間的第一印象。據心理學分析，第一印象通常產生於前七秒，而這與進入住宅內部審視玄關、調整氣息的時間幾乎相同。在國外，尤其是日本，玄關就代表家庭的金錢運，對宅運吉凶具有決定性的影響。

玄關是從大門進入客廳的緩衝區域，讓行動中的進入者靜氣斂神，同時是引氣入屋的必經之路，因此它的佈置好壞可直接影響住宅。

中國的傳統大宅入門之處均設有大型玄關，而現代都市的住宅普遍面積狹窄，若再設置傳統的大型玄關，則明顯會感覺空間侷促，難以騰挪。所以折衷的辦法是用玻璃屏風來作間隔，這樣既可防止外氣從大門直沖入客廳，同時也可令狹窄的玄關不再那麼咄咄逼人。

玄關最大的作用，是可用來化解屋外直沖大門的煞氣。

傳統住宅學所說的「煞」，分「形煞」及「氣煞」兩種，並非怪力亂神的東西，其實就是惡型，圍棋裡的惡型與此有相通的道理。居住者無不希望居所雙目企及是山清水秀、養眼舒適的一派美好景象。如果出現惡型，令人感覺壓抑彆扭，那就需要運用辦法加以彌補，玄關就是住宅化解外煞的重要部位。

設立玄關可以緩衝形煞，傳統住宅學上，形煞是指有形的凶相，主要有如下幾種情形：

1. 天橋煞

一條自高而下的天橋常有彎斜的走勢，天橋為虛水，斜去而水走，是洩財之象，此為天橋煞。天橋環抱為吉，反之為凶。

2. 沖煞

現今的大樓每每建至數十層高，從住宅學來看，居住在五樓以下的，較易犯沖煞，因為房子多被燈柱、樹木所擋，心情容易煩悶。

3. 反光煞

凡因陽光、水面、玻璃的反射而被照射則稱為反光煞。

設立玄關還可以化解氣煞，氣煞是指煞星飛臨的方位，因為它無形無象，不似形煞那樣可用肉眼觀察得到，只能根據傳統住宅學數理推算，如果屋主是東四命，而大門卻開在正西、西北、西南或東北這西四方，大門與屋主相沖，對這家人來說，這便是宅帶氣煞。

反過來說，倘若戶主是西四命，而大門卻開在正東、正南、正北及東南這東四方，大門與屋主相沖，對這家人來說，這也是帶有氣煞的住宅。如果住宅遇到這樣的情況，設置玄關就是當務之急。玄關主要有以下兩種的擋煞方法：

1. 玄關可以促使從大門進入的外氣轉向

外氣本來從凶方直入的，改為從吉方轉折而入，這便符合傳統住宅學的趨吉避凶之道。

例如對西四命的人來說，大門如果開在北方凶位，是大門帶煞，但若加一玄關，屋外之氣本從北向南流入，現改為從西至東進入，西乃本命吉方，就可逢凶化吉。

2. 玄關除可化解形煞及氣煞外，並可防止旺氣外洩

從傳統住宅學的角度來看，從大門入宅的旺氣與財氣應儘可能在屋內迴旋，為住宅充分利用後，才慢慢流出屋外。倘若大門與陽臺或窗戶形成一直線，則從大門流入之旺氣及財氣便會迅速從陽臺或窗口流走，旺氣直入直出，是「洩水」之局，令家中的人丁及錢財均難以積聚。而補救之法，是在其間設一玄關，設法令大門之氣轉向流入屋內，而不直接從陽臺或窗戶流走。

其用意就在於擋住了進門處的視野，另外形成了一個迴轉的空間。傳統住宅學上講究「喜迴旋忌直沖」，道理正在於此。如果沒有實牆，則在進門處即可將陽臺客廳一眼望穿，即形成俗稱「前通後通，人財兩空」的格局，對家居不利。

倘若大門直沖房門，則房中的人丁易受干擾，這種情況，亦可以用玄關來化解。

玄關的掩護作用

客廳是一家大小、日常安坐聚首的所在，是家庭的活動中心，所以不能太暴露。如果客廳無遮掩，缺乏私密性，家中各人的一舉一動均為外人在大門外一覽無遺，缺乏安全感，從傳統住宅學角度來說亦非吉兆。

而玄關即是大門與客廳的緩衝地帶，基本上有遮掩的作用，令外人無法隨便在大門外觀察到屋內的活動，可解決上述的問題。有玄關在旁護持，在客廳裡會感受到安全性大增，同時也不怕隱私外露。

對於國外的住宅用戶來說，許多住宅的客廳、餐廳以及起居室均不對正大門，對門而立的不是樓梯便是牆壁，因此可免除風沙入屋的煩惱。而東方式的住宅設計，則是入門見廳，不設一玄關，則大門若被風沙吹襲，坐在客廳便會深受其擾。如果大門正好向著西北或是正北，冬天常受凜冽的寒風侵襲，那便更需要玄關來作遮擋了。

那些貼近地面的房屋，往往易被外邊的強風和沙塵滲透，設玄關後就既可防風，亦可防塵，從而保持了室內的溫暖和潔淨。

美化玄關的四項基本原則

玄關除了有化煞、防泄、遮掩的作用之外，並且還有家居裝飾上的美化作用。

　　設計精美的玄關，會令人一進門便感覺眼前一亮，精神為之一振，使住宅頓時煥發光彩，因此在室內設計時均應儘量設法美化玄關。美化玄關有以下四項基本原則：

1. 通透

　　玄關的隔間應以通透為主，因此通透的磨砂玻璃較厚重的木板為佳，即使必須採用木板，也應該採用色調較明亮而非花俏的木板，色調太深便易有笨拙之感。

2. 適中

　　玄關的隔間不宜太高或太低，而要適中。一般以兩公尺的高度最為適宜。若是玄關的隔間太高，身處其中會有壓迫感，太低，則沒有隔間的效果，無論在風水方面以及設計方面均不妥當。

3. 明亮

　　玄關宜明不宜暗，所以在採光方面必須多動腦筋，除了隔間宜採用較通透的磨砂玻璃或玻璃磚之外，木地板、地磚或地毯的顏色都不可太深。玄關處如果沒有室外的自然光，便要用室內燈光來補救，例如安裝長明燈。

4. 整潔

　　玄關宜保持整潔清爽，若是堆放太多雜物，不但會令玄關顯得雜亂無章，而且也會對住宅大有影響。玄關零亂昏暗的住宅，距離家道中落不遠矣。

影響玄關功能的八大重點

要最有效地發揮玄關的作用，必須重視玄關的組成部分的
各種宜忌。這主要有以下八大重點：

1. 天花板的安置

天花板宜高不宜低：玄關頂上的天花板若是太低，具有壓
迫感，屬於不吉之兆，象徵這家人備受壓迫掣肘，難有出頭。
天花板高，則玄關空氣流通較為舒暢，對住宅的氣運也大有裨
益。

天花板色調宜輕不宜重：玄關頂上天花板的顏色不宜太
深，如果天花板的顏色比地板深，這便會形成上重下輕，天翻地
覆的格局，象徵這家人長幼失序，上下不睦。天花板的顏色宜
較地板的顏色淺，上輕下重，才是正常之象。

天花板的燈宜方圓而忌三角：玄關頂上的燈飾排列，宜圓
宜方卻不宜三角形。有人喜歡把數盞筒燈或投射燈安裝為玄關
頂上之照明，這是不錯的佈置，但如把三盞燈布成三角形，那
便會弄巧成拙，形成「三枝倒插香」的局面，容易造成刺激人
心的不好壓力。倘若排列成方形或圓形，則不成問題，因圓形
象徵團圓，而方形則象徵方正平穩。

2. 牆壁的隔間

牆壁隔間應下實上虛：面對大門的玄關，下半部宜以磚牆
或木板作為根基，紮實穩重，而上半部則可用玻璃來裝飾，以
通透而不漏最理想。

玄關若不以牆來作隔間，用低櫃來代替也行，其上選擇玻
璃或通透的木架來裝飾。低櫃可用作鞋櫃或雜物櫃，上面則可
鑲磨砂玻璃，這樣既美觀實用，同時也符合下實上虛之道。必
須注意的是，玻璃不同於鏡子，會反射的鏡子通常不可面向大
門，因為會將家中財氣反射出去，但磨砂玻璃則無此顧慮。

牆壁顏色須深淺適中：玄關的牆壁隔間無論是木板、牆磚或是石材，選用的顏色均不宜太深，以免令玄關看來暮氣沉沉，沒有活力。而最理想的顏色組合是：位於頂部的天花板顏色最淺，位於底部的地板顏色最深，而位於中間的牆壁顏色則介於這兩者之間，作為上下的調和與過渡。

牆壁隔間用材宜平滑：玄關是住宅進出的主要通道，牆壁及地板平滑則氣流暢通無阻。如果以凸出的石塊作為玄關裝飾，凹凸不平，則宅運便會有諸多阻滯，必須儘量避免。

3. 地板的佈置

玄關地板宜平整：地板平整可令宅運暢順，而且也可避免失足摔跤。同時，玄關的地板宜儘量保持水平，不應有高低上下之分。

玄關地板顏色宜較深沉：深色象徵厚重，地板色深象徵根基深厚，符合傳統住宅學之道。如要求明亮一些，則可用深色石料四圍包邊，而中間部份採用較淺色的石材。

倘若選擇在玄關鋪地毯，其理亦同，宜選用四邊顏色較深而中間顏色較淺的地毯。

玄關地板的圖案忌有尖角沖門：玄關地板的圖案花樣繁多，但均應以選擇寓意吉祥的內容。必須避免選用那些多尖角的圖案，而尖角沖門則更絕對不宜。

玄關地板的木紋不宜直沖大門：玄關的木地板，不論何種木料，其排列均應令木紋斜向屋內，如流水斜流入屋，但是木紋切勿直沖大門，如直沖則不吉。

玄關的地板忌太光滑：有些人家為了美化玄關，往往會把玄關的地板打磨得十分光滑，這極易弄巧成拙，單從家居安全角度來說已並不理想，因為家人或賓客均容易滑倒受傷。

地下排水管也不宜跨越大門和玄關之間，以免財水內外交流時，在玄關受汙，導致家人健康不佳，財路不順。

4. 鞋櫃的擺放

在玄關放置鞋櫃，是順理成章的事，因為無論是主客在此處更換鞋子均十分方便。而且「鞋」與「諧」同音，有和諧、好合之意，並且鞋必是成雙成對，這是很有意義的，家庭最需要和諧好合，因此入門見鞋很吉利。但雖然如此，在玄關放置鞋櫃仍有一些方面需要注意。

鞋櫃不宜太高大：鞋櫃的高度不宜超過戶主身高，若是超過這尺度便不妥。鞋櫃的面積宜小不宜大，宜矮不宜高。

鞋子宜藏不宜露：鞋櫃宜有門，倘若鞋子亂七八糟地堆放而又無門遮掩，便十分有礙觀瞻。有些在玄關佈置巧妙的鞋櫃很典雅自然，因為有門遮掩，所以從外邊看，一點也看不出它是鞋櫃，這才符合歸藏於密之道。

傳統住宅學重視氣流，因此鞋櫃必須設法減少異味，否則異味若向四周擴散，則根本無好風水可言。

鞋頭宜向上而不宜向下：鞋櫃內的層架大多傾斜，在擺放鞋子入內時，鞋頭必須向上，這有步步高升的意味，若是鞋頭向下，就意味著會走下坡路。

鞋櫃宜側不宜中：鞋櫃雖然實用，但卻難登大雅之堂，因此除了以上所提及的幾點之外，還要注意宜側不宜中，即指鞋櫃不宜擺放在正中，最好把它向兩旁移開一些，離開中心的焦點位置。

5. 地主財神的擺法

現代有很多人在家中供奉神祇，以期通過此舉換得些許心理安慰，健康長壽，招財進寶。但在現代佈局的房子中擺放傳統的神像，會顯得格格不入，若要消除這種矛盾，便要採用因

地制宜的佈局方法。

　　地主是家居最經常供奉的神祇之一，其他的神祇尚可移入屋內其他較隱蔽的角落，但地主卻必須當門而立，因為地主的正名是「五方五土龍神，前後地主財神」，應該面向大門，向門外四方納財，這樣才可增強住宅的財運。地主並且還是住宅的守護神，當門而立，便可把牛鬼蛇神拒諸門外。

　　地主最佳的擺放方法，是把神位單獨供奉在面向大門的玄關地櫃中，那便既不太顯眼，而又不失地主應當向門而立的原則。因為地主自古以來，長期供奉在地面，就算擺在鞋櫃旁邊，每日人來人往，也沒有任何問題。

　　地櫃可用作鞋櫃或雜物櫃，為了要與附近的環境配合，外部的顏色可以隨意，但地主神櫃的內部則必須採用漆上金點的紅色。

　　至於文財神則不宜擺放在玄關向門之處。財神分文武兩種，武財神如武聖關公及伏虎元帥趙公明，均宜當門而立，但福祿壽三星及財帛星君等文財神若是面向大門，便會把家中錢財向宅外佈施，那就會弄巧成拙。因此文財神即使擺放在玄關，也必須面向宅內，切勿面向大門，以免錢財外洩。文財神面向宅內，是因為這樣可引財入室，但必須小心切勿面向廁所或魚缸，以免雖然引財入屋，但卻往往見財化水。

6. 植物的佈局

　　由於玄關是家庭訪客進到室內後產生第一印象的地區，因此擺放的室內植物佔有重要的作

用。大型植物加照明、有型有款的樹木及盛開的蘭花盆栽組合等設計，都適用於玄關。如遇到玄關光線不佳、遭受穿堂風的吹襲、夜晚溫度降低、走道狹窄或空間不方正，則普通的開花植物會比形態特殊的植物來得合適。另外，玄關與客廳之間可以考慮擺設同種類的植物，以便於連結這兩個空間。

玄關擺放植物，綠化室內環境，增加生氣，令吉者更吉，凶者返凶為吉。但是必須注意的是，擺在玄關的植物，宜以賞葉的常綠植物為主，例如鐵樹，發財樹，黃金葛及賞葉榕等等。而有刺的植物如仙人掌類及玫瑰、杜鵑等切勿放在玄關處，以免破壞風水，而且玄關植物必須保持常青，若有枯黃，就要盡快更換。

7. 飾物的選擇

由於玄關位居沖要，對宅運大有影響，因此，擺放在此處的飾物要小心，以免無意中破壞了住宅風水。古人多擺放獅子、麒麟這些威猛而具有靈性的猛獸在門口鎮守，作為住宅的守護神。

現代住宅如果擺放獅子或麒麟在屋外，難免不符合時代精神，退而求其次，則可擺在玄關內面向大門之處，同樣也可收護宅之效。

而不少人家喜歡在玄關擺放各種動物造型的工藝品，作為飾物擺設，但應謹記不可與屋主的生肖相沖，以免有入門犯沖之虞。

十二生肖相沖的情況如下：

生肖屬鼠忌馬，生肖屬馬忌鼠；生肖屬牛忌羊，生肖屬羊忌牛；生肖屬虎忌猴，生肖屬猴忌虎；生肖屬兔忌雞，生肖屬雞忌兔；生肖屬龍忌狗，生肖屬狗忌龍；生肖屬蛇忌豬，生肖屬豬忌蛇。舉例來說，屋主的生肖屬鼠，便不宜在玄關擺放馬的飾物。若屋主屬牛，便不宜在玄關擺放羊的飾物，如此類推。

8. 玄關鏡片的安裝

通常住宅在玄關安鏡可作為進出時整理儀表之用，而且也可令玄關看來顯得更加寬闊明亮一些。但若是鏡子無端對正大門，則絕對不妥當，因為鏡片有反射作用，會把從大門流入的旺氣及財氣反射出去，將財神拒之門外。

玄關頂上也不宜張貼鏡片，玄關頂上的天花若以鏡片砌成，一進門舉頭就可見自己的倒影，便有頭下腳上，乾坤顛倒之感，這是大忌，必須儘量避免。

門窗和窗簾裝修的要領

1. 塑鋼門窗安裝品質鑑定法

(1) 首先觀察型材外觀情況，顏色是青白色而不是通常認為的白色，注意組成門窗的框和門扇的型材顏色是否一致，外觀是否均勻。

(2) 看各種型材之間的配合間隙是否緊密，配合處切口是否平衡，型材搭接處的高低差等等。

(3) 觀察其焊接處是否平齊，是否有裂縫，內外的留縫清理得是否乾淨美觀，用捲尺量度塑鋼門窗的對角線尺寸（誤差應不大於3毫米）。

(4) 所用的五金零件看上去是否顯得厚實，且表面光澤度要好，保護層緻密，沒有碰刮傷的現象，最重要的一點是開啓靈活。

2. 木門窗安裝品質鑑定法

(1) 門窗結構要結實、平整，無翹曲現象。

(2) 門窗框及厚度大於50公分的門窗應採取雙榫連接。框、扇拼裝時，榫槽應嚴密嵌合。門窗框與牆體間應填塞緊實。

(3) 木框裁口要順直、切面要平整。開關要靈活，無倒翹現象。

(4) 門窗的五金零件安裝位置適宜，槽邊整齊，五金種類齊全，用木螺絲擰緊，不得用釘子代替。門窗披水、蓋口條、壓縫條、密封條的安裝尺寸必須一致，並與門窗結合牢固。

(5) 門窗施塗油漆或塗料後表面應光潔、平整、無刷痕，色澤一致，無漏塗、沙粒、斑汙和流墜等缺陷。

3. 普通窗簾選購法

(1) 充分發揮窗簾的功能。如用於書房的最好輕薄，使光線柔和又不暗淡；用於臥室的最好厚實一點，減弱室內光線，造成一個相對封閉的寧靜舒適空間。冬天，多層窗簾形成的空氣層，能有效地阻止室內暖空氣和臨窗冷空氣的對流，對保持室溫有明顯效果；盛夏，採用半懸式窗簾、竹簾或珠簾，能獲得良好的通風效果。

(2) 考慮窗簾的顏色。客廳宜選深色窗簾，臥室宜選色淡幽雅的窗簾。窗簾的顏色要比牆面深一些，如淡黃色的牆配飾淺棕色，淡藍色牆面選擇茶色，等等。

(3) 慎選窗簾的質料。多數家庭只掛一層窗簾，故不宜太厚，要有一定的透光性；但也不能過薄，以晚上開燈後從戶外看不清室內的活動為宜。

4. 窗簾懸掛法

(1) 上部固定法：將上部固定在窗框上，從中部撩起掛在兩旁，具有古樸典雅的裝飾效果。

(2) 平行拉開法：將窗簾懸掛在窗簾橫杆上，可以平行拉開，具有使用靈活、不影響採光的優點；

(3) 垂直升降法：這種類型常用於竹簾、塑膠百葉簾或百葉金屬簾，具有多角度採光、遮光的特點。

窗戶的裝飾美化

窗戶是居室裝飾的至關重要的部分。每當您進入一個房間，第一眼便會看到窗。窗戶帶來陽光，帶來清新的空氣，也是您身居室中與大自然交流的一個通道。窗戶多數與視線相平，是室內最明亮、最易引人注目的所在。

怎樣使窗戶與室內佈置協調，讓您的視線更美好呢？

窗內的一切也是屋主擁有的一切，可以任由主人佈置，窗外的景物卻很難由住家來改造。景物如果值得一看，窗門敞開，不需要特別研究，只要設計窗簾的樣式、質地和色調配合就可以了。這種窗可以稱為「風景窗」。

如果您的窗戶對著窄巷爛牆之類，大煞風景，這時可以這樣辦：用疏落的窗簾，把「景物」隔開，讓陽光和風繼續透進。竹簾、塑膠百葉窗都可以。如果覺得市面出售的竹簾太密，可以適當抽疏。亦可用玻璃珠串編成一張彩色圖案的垂網，不但能起疏簾的作用，還能使室內增輝。

再者，窗檯上放置一些花木、盆景，令人賞心悅目，人的視線就會停留在這些近景上，窗外煞風景的東西便模糊了，而陽光與空氣則照樣暢通。進一步，還可設計一些精緻的托架，使花木分為幾層擺放。例如，窗戶的上部掛一盆吊蘭，中間用厚玻璃托起淺盆花草，窗檯放置盆景或其他小擺設。室外射入的光線照在上面會產生「逆光」的效果，別有一種情趣。

注意「地板事故」

凡是做過地板裝修的家庭常會作出將地板分區塊而造成住宅內高低等有失考量的選擇，其實一個完整的平面，被分割成不等高的區塊，非常不吉利。宅相中之所以認為這樣的構造是凶相，有兩個理由：

第一個原因是危險，高度不等常是發生事故的禍首，根據研究調查，住宅中發生事故的地點，大都是在樓梯。所以宅相中地板不等高為凶相，也就無可厚非了。人在平整的地板上行動最為安全，所以高度不等的構造最好盡可能避免。

另外一個理由是：這樣構造乃是皇殿中的做法。以前皇上接見平民時，皇上所站的一定要比平民高，以區別身份。可是後來的庶民，發現這樣的構造會使「屋主產生傲慢之心，而且驕奢無比，最後敗家滅亡」，所以都說這種構造是凶相。

其實這種說法，對於現代建築而言，也頗值得參考。其第一個理由「危險」至今仍然成立。以現代人的觀點看來，除了這個理由外，還可以再加上兩個理由：

房子的空間利用效率會降低，如果房子中的地板都等高的話，必要時可以把屏風移開，空間就會變得很大。可是如果地板高度不等，就沒有辦法了。

如果地板成階段狀，會讓人在心理上覺得這個房子很狹窄，要讓房子感覺起來很寬敞，不僅天花板的高度要適中，地板的平整等高也是很重要的決定因素。

有些觀光飯店故意把地板裝璜成階段狀，這樣的設計只是為了讓人感覺飯店的內部裝璜很富於變化。實際上以居住方便的眼光看來，這樣的設計只會讓人覺得房子更狹窄。

一般住宅的第一個條件就是安全性，至於實用性也是不可忽略的。

如果把這個宅相說法擴大解釋，就是指兩層樓的房子比平房來得危險。事實上也是如此，如果土地廣闊度允許的話，還是以居住平房較為理想。因為上下樓梯所消耗的體力是很驚人的，尤其是老年人，最好不要住在二樓或二樓以上的空間。

前面已經說過，樓梯是家庭意外事故的重要禍首，所以住在平房裡當然比較安全。另外，如果不幸遇到火災時，一樓也比較有逃生的機會。

地毯單調客廳失色

現代不少人喜歡在沙發前面擺放一塊華麗的地毯，以增加美感，同時也可突出沙發在客廳中的主導地位。

從傳統住宅學的角度來看，沙發前的地毯，其重要性相當於住宅前用以納氣的明堂，也相當於屋前的一塊青草地，因此不可或缺。

由於不同的人具有不同的審美意識。有的人喜歡色彩繽紛的地毯，有的人卻喜歡風格素雅的地毯。但從傳統住宅學的角度來看，宜選用色彩繽紛的地毯，而忌色彩單調的地毯。因為色彩過於單調的地毯，不僅會使客廳黯然失色，而且也難以發揮生旺的效應。因此，客廳的地毯，以紅色或金黃色為主色較為吉利。

地毯的圖案千變萬化，題材包羅萬象，有的是以動物為主，有的是以人物為主，有的則以風景為主，有的純粹由圖案構成。由於地毯種類繁多，風格各異，構圖精巧，色彩繽紛，那麼，應該如何選用住宅客廳中的地毯呢？

其實，萬變不離其宗，只要記住選取那些寓意吉祥圖案的地毯即可。那些構圖和諧、色彩鮮豔明快的地毯，令人喜氣洋洋，賞心悅目，這類地毯當然是最佳選擇。

● 居家吉色

喬遷新居，是人生一大喜事，不論在事業、生活和或健康上，人們都有著更多的期盼。其實，居家佈置除了必要的美觀與舒適外，還要懂得佈置居家顏色的竅門，從而做到喜上加旺。

1. 東方利紅色

傳統上，紅色代表喜氣、熱情、大膽進取。而在傳統住宅學上，東方也象徵年輕及勇於冒險的精神，所以在居室的東方擺放一些紅色的傢俱及裝飾品，如紅木吊飾、紅色地毯等，都可使家人充滿幹勁，有利事業與學業。

2. 南方利綠色

在傳統住宅學上，南方主宰靈感及社交能力；綠色則有生氣勃勃之意。在南方放置綠色的植物，除了增添綠意盎然的美感外，對人際關係也有著正面的催化作用。

3. 西方利黃色

黃色一向被用來代表財富，而西方則被認為是主導事業及財運的方位，若在西方放上黃色的傢俱飾物，如黃水晶，可帶來旺盛的財氣，令事業飛「黃」騰達。

4. 北方利橙色

北方掌管著夫妻關係，而橙色則有熱情奔放的意思。如想增進夫妻感情的話，可在睡房的北方放置橙色檯燈、小地毯、抱枕等，有助於增進夫妻感情。

除了居家的一些吉色外，在家居生活中也存在著色彩禁忌。在中國傳統住宅學上，天花板代表天，地板代表地，牆壁則代表著人。

牆壁的顏色應在天花板和地板之間，即是要比天花板深、比地板淺，這樣天、地、人才能達到和諧。所以家裏的天花板的顏色應儘量使用最淺的顏色，同時，地板的顏色也要比天花板的深。否則，會使屋內的人做事顛三倒四，本末倒置。最好不要用太多的紅色或黑色做屋內的主色，因為太紅或太黑都會使人做事衝動、極端。

親密的個人空間

影響**健康和財運**的臥室

臥室未必大即佳

別以為我們平時都把時間放在了工作、料理家庭之上，其實，人類有三分之一的時間是在床上度過的，而臥房是人們辛辛苦苦勞動了一天後，休息和補充能量的地方。臥房可直接影響到我們第二天的體能和精神狀態。如果這個地方設計不佳，我們就很難在此補充到充分的能量，去面對第二天的人生挑戰，自然也就影響到所謂的事業和財運。

古代的傳統住宅學理論認為屋大人少為凶，這是為什麼呢？坐擁大坪數的豪宅是多少人夢寐以求的事情。然而就住宅學的觀點來看，房子太大卻不是一件好事。

其實這個道理很簡單，如果在一個十平方公尺的房子裡，安裝小型空調，啓動後半個小時房間就很涼快了，因為空間小，給冷效能很快就達到了。亦即空間小，需要耗的電力亦少，同樣一台小型空調，如果安裝在一百平方公尺的大房子裡面，就顯得無力了。空間越大所需要耗損的電能越多，儘管這台空調不停地發動，房子溫度依然達不到預期的目標，必須安裝大噸數的空調來滿足大房子的需要。

人也是一個能量體，會發光發熱。越大的房子，同樣會消耗人體越多的能量。房屋的大小必須和入住人數成正比為佳。也就是房子越大，入住的人應該越多，也就是常云道人氣要旺。

傳統住宅學中認為房子會吸引人氣，這句話有它深層的意義在裡頭。人體散發出來的能量就是人氣。當一個人用了過多的能量去填充一個大房子的空間時，其對於身體的損害是可想而知的。身體能量消耗多了，體質也就變弱，工作起來無精打采，差錯也就在所難免，判斷力下降，倒楣事也就接踵而來。

所以，就消耗人生三分之一時間的臥室空間而言，足夠就好。

臥室窗與陽台

臥室不要帶陽台及低窗。臥室帶陽台及低窗是時下十分流行的建築形式，覺得這樣的建築結構能讓光線充足，通風透氣，為住戶帶來健康，而購買者也趨之若鶩。熟知這樣的設計，適得其反，就傳統住宅理論來看，對人體會造成很壞的影響。

我們的祖先很早便認識到人體存在著一種維持生命所需要的能量場，即「氣」。直到1911年，科學家基爾納通過色隔板和濾色器看到了人體能量場的現象，第一次向全世界描述了有關人體能量場的研究結果。他認為：沿著一個平常的人，能量場可分為三層：最靠近皮膚的，是四分之一英寸厚的暗色層；它外面是兩英寸厚的，顏色較淡的一層，這一層的紋理垂直於身體；最後，再向外一圈外輪廓顯得模糊不清，大約六英寸厚的外部弱光。

基爾納還發現，「氣」的強弱和顏色會因人而異，並取決於被測試者的年齡、性別、智力、健康情況等等。某些疾病也可以通過「氣」的斑點顯示出不規則的排列情況。

九十年代，美國人高健斯（Guy Coggins）發明了體光攝影，他通過特殊攝影方法把人體的能量光拍攝下來。有趣的是，人在健康和精神時候，所拍下的光譜，和在疲勞或生病時所拍下的，有著明顯的區別。也就是

說，一個人身體的健康與否，會直接影響到包裹著他身體周圍的能量場的強弱。而這種人體能量場的強弱，又會直接影響它對人體保護作用的大小。所以我們要讓自己身體保持一定強度的能量場，是十分必要的。玻璃窗無法保存人體熱能，這對於影響我們人生三分之一時間的臥房，不能不注意！一個人在休息的時候，由於身體很多機能都停止工作，精神放鬆，皮膚上的毛孔也會張開，所以人體的能量，在這個時候最容易散失。同時抵抗外部干擾的能力也會大大下降。所以我們必須要營造一個有利於我們生理結構的休息環境，以保證我們在睡眠過程中，不但能保存能量，而且還可以補充能量。

回過頭來，我們認真打量一下我們常住的臥室：如果附陽台，常常是落地玻璃門；如果是開低窗的，窗戶的面積也占了

該牆壁的三分之二。如此一來,我們的臥室基本上是敞開的。大家都知道玻璃是不能阻擋光線的,當然也就不可能阻擋人體發出來的光能。所以臥室窗口太大,無益於人體能量的保存。

從前還沒有空調這種東西,為了貪圖涼快,人們有時在露天的陽台和天臺睡覺。第二天起床,常會感到疲憊。上一輩的人會說這是因為「打霧水」的緣故,也就是能量耗散過多所造成。房間帶陽台和開低窗,無異於「打霧水」,道理是相近的,可能會有睡眠不足、疲憊、賴床等現象。上了年紀的人,則易失眠。此外,床頭背後開窗、設廁所等,也是對睡眠不利的。

臥房的開窗如比例過大,光照面積大,陽光和熱能造成人體不適,讓人不冷靜、衝動、易發脾氣等等,這些情緒帶來的後果是可怕的,比如開車不冷靜,易釀車禍;遇到不順心的事而大發脾氣,也許與人口角或打架,造成血光之災;買東西的時候不冷靜,容易買到不如意或不合用的東西,於是破財,平時破點小財無傷大雅,如果一時衝動,做了錯誤的投資,懊悔就更大了。

在一般的房子設計裡,房門和陽台門往往都是對著成一線的,而且在現代建築設計裡面,陽台門一般都是設計成幾扇落地玻璃拉門。這樣一來比大窗更散氣,更不容易聚集能量。有一些傳統住宅學常識的人都會知道,房門的斜對角被稱作彎頭上的財位。其實這個道理很簡單,因為這個地方無論是房門或者窗戶,都不會正對著它,所以這個地方的氣流非常穩定。傳統住宅學上總是講究四個字:藏風聚氣。就是要尋找一個氣流比較穩定,能量容易積聚的地方。古時候,用於住宅的房子一般比較方正和深長,很忌諱淺窄,便是這個道理。

擺放電視機須注意

現代人的生活水準高，物質享受豐富，家中有多部電視機實不為奇。放一部在臥房內，躺在床上「慢慢看」實在常見。

但是我們所習慣的並非就是最好的，在臥室裡放置電視並不恰當，原因如下：

某些城市寸土寸金，臥房並不寬敞，如此近距離對著一部有電流及輻射的物體實在不健康。而且電流輻射還會影響地氣。

如果臥房內需要擺電視機，要留意床頭床尾均不宜。床頭及床尾擺電視機，就好似睡進墳墓裡，電視機就是墓碑，甚為不吉利。既然床頭尾皆不宜擺放電視機，那麼剩下來的位置就只有床兩邊，或是床頭床尾的側面位置了，而距離當然是愈遠愈好。

如果能夠將電視機放在吉位則更佳，這便需要從個別的理氣方面作推斷了。

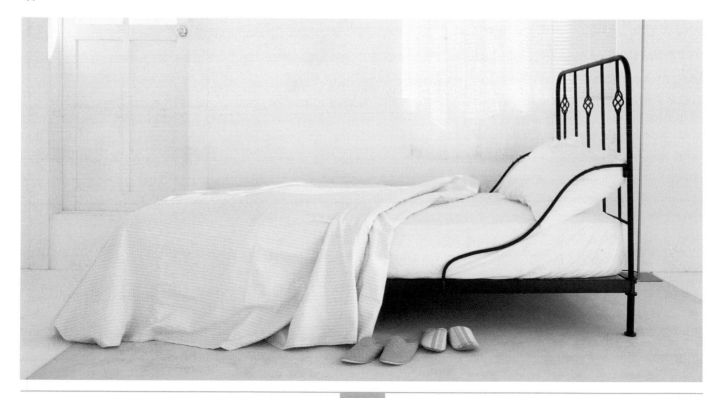

臥室格局

臥室是人生度過一生三分之一時光的場所，攝氣養神，均在於此。臥室並無大小的講究，是謂「室雅何須大，花香不在多」。但格局一定要考究，營造一種安定靜謐，溫馨祥和的環境，就是理想的居住環境。有以下幾個事項需要注意：

床是臥室裡最重要的傢俱，一般情況床位首選南北朝向，順應地磁引力，但某些房屋和人的則需要東西向擺床才好。

臥房裡不可有橫樑壓床，以免造成壓抑感，也有損於人的身心。

床頭不能靠門，另外有人把床放在大門口側，這也是一種住宅的犯忌。

屋內妝台鏡不能照著枕頭位，否則睡眠容易受擾，精神不振。

床頭櫃應稍高過床，有利提升睡眠的質量和智慧，並提高睡眠質量。

以下列舉臥房的七大禁忌：

1. 鏡子不宜正對著床

臥房的任何一邊有鏡子對照著，都會讓人很不舒服。除可影響健康和夫妻感情外，更可影響財運、子嗣等。尤其是床尾的位置，更不可掛鏡子。因為這塊鏡子就像一塊「攝魂鏡」，夜晚醒來稍不留神就會被鏡子的反光嚇一跳，會令該房的人情緒不安。若要在臥房內裝鏡子，最好安在較隱蔽的位置。

2. 床頭勿緊貼灶位

若臥房連貼廚房，床頭不宜安放緊貼灶頭的一方，因為廚房屬「火」，容易使人生病或精神緊張、心情暴躁。

3. 睡床忌橫樑

睡床不宜擺放在吊櫃、橫樑或燈飾之下。否則會導致頭痛、關節痛等疾病發生，或聲望受損。

4. 床頭不宜對正門口

若床頭對正大門或睡房門口，傳統住宅學上稱為「門沖」，令人睡不安寧，容易發惡夢或產生幻覺。

5. 臥房光線要柔和

臥房的光線太強，使人容易脾氣暴躁；而光線太暗，容易產生憂鬱的情緒。

6. 床頭後忌有空隙

床頭要緊貼著牆或實物，不可有空隙，傳統住宅學上稱為「靠山」。否則易令人產生幻象、悲觀情緒，嚴重者可能導致精神分裂。

7. 套房廁門常關

套房式的臥房，廁所門要常關，或用屏風遮擋。否則夫婦之間容易出現婚外情，傳統住宅學上稱之為「泛水桃花」，或導致漏財。

床與健康

全世界約有三分之一的成年人受失眠症的困擾。外國專家明確提出,「失眠」的普及,已經可以被視為一種流行病,對於女性尤其如此。許多國人亦患有失眠或抑鬱,約有三分之一的成年人飽受失眠的折磨和困擾,其中近半已經屬於重度的失眠患者,這個統計的確驚人!醫學界認為,引起失眠的因素很多,有心理因素、藥物因素、生活習慣、生理因素以及環境因素等。

失眠是許多疾病的根源,長期睡眠不足或失眠,對人的影

響，不只是眼袋下垂和黑眼圈那樣簡單，還會對身心健康造成嚴重的損害。其包括：皮膚不好、老得快、疲倦、憂鬱、注意力不集中、工作效率低、纖維肌酸疼、睡眠呼吸暫停、夜間痙攣、容易肥胖—夜裡睡不著，肚子容易覺得餓，餓了不能不吃東西，體重不知不覺會增加。荷爾蒙分泌增加，會提高胰島素抗性，這是糖尿病的前期症狀，使減重更為困難、心臟病的風險提高。

人一生有三分之一的時間，是在床上度過的。因此，令我們安穩入眠的影響因素，除了醫學界所瞭解的以外，床位也是一個至關重要的原因之一！

除了房子太小，無法把床擺在中間以外，大部分的家庭都喜歡按照西方人的擺床方式，把床擺在房的中間，只有床頭靠牆，三面都可以上床。但這種擺床的方式，除了方便上床之外，並沒有其它好處。如果有兩個成年人，同時睡在一張1.5公尺寬的床上，便會顯得緊張，擔心跌落床，必然要有一部分神經得不到休息，整晚都要「看護」著身體以保持在床上，使睡眠大打折扣，得不到徹底而放鬆的休息了。

古老的大床統稱架子床，有「四柱床」與「六柱床」，其他變體形式亦繁多，如月洞門罩架子床等。它三面有四十公分高的圍欄，床口兩邊還有四十公分寬的圍欄，只留1.2公尺左右門洞供上床，這其實是體貼的設計。

這個古老設計的好處有三：第一、有了四周的圍欄，睡在上面放鬆多了。絕對不會有滾落床的憂慮。第二、床前左右兩側的圍欄讓睡近床口的人，頭腳都有了依靠，腰部不會有落空的感覺。因此也就沒有滾落下床的憂慮了。可以睡得十分放鬆！第三、架子床把你睡眠的空間縮小了，如果再加上圍帳，便仿如一間小屋。絕對是藏風聚氣！

把床擺在房間中間的缺點有二：首先、三面無依無靠，缺乏安全感。再者、把臥房的空間分隔得很零碎，用起來很不方便。如果臥房間不大，容易碰傷手腳。有了健康的身體、頭腦靈活、精力充沛，才能有精神去打拚事業。所謂的財位，歸根究柢，就是保證人體的健康。

以下是建議的幾種擺床方式：

1. 最好能把床擺在三面有牆靠位置上，也就是盡可能把床放在一個藏風聚氣的地方。

2. 把床放在房間不受門窗沖射的角落，兩面靠牆。如果不行，請在朝門窗的位置上，加上屏風和擋板，或者衣櫃都可以，目的是遮擋門窗的直接沖射，以利藏風聚氣。

3. 注意床頭不要朝向走廊、電梯間、樓梯間、廁所的下水管和抽水馬桶。這些地方一般都是人流及物流較為頻繁，會發出腳步聲、水流聲之類的聲響，令睡在一旁的屋主增添煩惱，臥房應遠避為宜。

4. 床頭千萬不要放在窗戶下面，因為窗戶是一個氣流和光線最強的地方，對睡眠影響很大，人的能量容易散失，對身體的健康非常不利。如果不能更換床頭，最好能用厚窗簾加遮光布，加以遮擋。但這是退而求其次方法，最好的方法還是更換床頭。

臥室陳設要點

家中的臥房，好比人的腦部。腦部所需要的，臥房亦需要。例如：氧氣充足，氣氛寧靜等。一個健康而又合乎傳統住宅學的臥房，要注意以下幾點：

1. 臥房內之衣物，傢俱或擺設，必須整齊，不可零亂。過期的報刊雜誌或多餘的小飾物都應盡量清理放好。否則，這會直接影響人的工作秩序，會有本末倒置的現象發生。

2. 臥房內的光線必須要適中調和，不宜太亮或太暗。在日間，必須要讓陽光照射房內，不能長期不見陽光。否則的話，會使人意志消沉，迷糊不清，做事不理智。

3. 臥房內的頂燈應儘量離開床的範圍，燈不可壓床，若然，人易有筋骨之損。

4. 臥房內的空氣一定要流通。很多人習慣把房內的窗戶長關，目的是減少塵埃。其實這會帶來一個很不健康的後果。一方面容易生病或遇病時久病不癒，另一方面會使人做事固執自我，容易在死胡同裡徘徊。

5. 臥房內不宜有鏡或反光之物體直接照射床，包括電視機之螢光幕等，易使人產生幻覺和心緒不寧，不得安睡。

好臥室的秘訣

在今天，臥房早已擺脫單純的睡眠功能。對於尋求居家溫馨的現代人而言。臥房的結構特別著重其所蘊含的安定性與隱密性，所以臥房不但必須詳細考慮其座落的位置、光線的適宜度之外，更應慎思臥房設計時相關的有關事項：

1. 臥房形狀不宜斜邊凸角

臥房形狀適合方正，不適宜斜邊或是多角形狀。斜邊容易造成視線上的錯覺，多角容易造成壓迫，因而增加人的精神負擔，長期下來容易患疾病及發生意外。

2. 白天應明亮、晚間應昏暗

臥房應設有窗戶，除了空氣得以流通，白天更可以採光，使人精神暢快，而晚間窗戶應備有窗簾，擋住戶外夜光，使人容易入眠。

3. 大樓浴廁不宜改成臥房

現代大樓管線整體施工，所以整棟大樓浴廁都設在同一地方。如果將浴廁改為臥房，勢必造成睡在樓上和樓下兩層的浴廁當中，而浴廁本為潮濕、不潔之所，夾在當中必然有所影響，當樓上馬桶、水管一開動也絕對會影響到您的安寧，所以對人的身心健康造成傷害。

4. 房門不可對大門

臥房為休息的地方，需要安靜、隱密，而大門為家人、朋友進出必經的地方，所以房門對大門不符合臥房安靜的條件。大門直沖房門容易影響健康和財運。

5. 房門不可正對廁所

廁所是供人排泄的地方，容易產生穢氣和濕氣，如果正對房門會對臥房的空氣產生影響，對人的身體健康有害。

6. 房門不可正對廚房或和廚房相鄰

廚房爐火煎炒、排出油煙，如正對房門，危害人體健康，並且使工作表現不穩定。廚房是生火之處，甚為燥熱，所以也不宜與臥房相鄰，尤其是睡床緊貼爐灶的牆。

7. 房門不可對鏡子

鏡子有反射作用，在傳統住宅學上可將煞氣反射回去，所以可擋凶煞。但是鏡子對著房門反而會將凶煞沖剋照進臥房，招來不好運勢。

8. 鏡子與落地門窗不宜對床

鏡子是用來擋煞，作用是把煞氣反射回去，所以不可對床。尤其人們從睡夢中醒來，在意識不很清楚時，容易被映在鏡子或落地窗裡的自己所驚嚇。

9. 睡床或床頭不宜對正房門

睡覺時最講求安全、安靜和穩定，房門是進出房間必經之所，因此房門不可對正睡床或床頭。否則睡床上的人容易缺乏安全感，並且有損健康。

10. 床頭不可緊貼窗口

窗戶為理氣進出之所，所以床頭貼近窗口容易犯沖。在睡床上的人因看不見頭上的窗戶，容易缺乏安全感，造成精神緊張，影響健康。

11. 床頭不可在橫樑下

天花板宜平坦，忌有橫樑。橫樑在心理上容易產生荷重的感覺，尤其人睡在橫樑之下會感受到莫大的壓力，造成精神上的壓迫，影響健康、事業。

12. 忌床頭不靠牆壁

人平躺時不容易看見頭頂後方，所以床頭宜靠牆、避免露空，而減少安全感。否則睡在床上的人，容易精神恍惚、疑神疑鬼，影響健康、事業。

13. 床應加高離開地面

床面應離開地面50公分左右，床底必需保持清潔，不宜堆積雜物。離開地面，並且不堆積雜物能保持床底空氣暢通，減少地面濕氣滲透入床墊，而影響健康。

14. 臥房不宜擺過多的植物

過多的花草植物容易聚集陰氣，並且植物於晚間吸收氧氣、釋放二氧化碳，所以容易影響人的身體健康。

兒童房的安排

每一位父母都希望子女擁有一個舒適的空間，有利於他們的健康成長，而兒童房最重要的功能，就是讓孩子有一個自由安全的小天地，供他們在其中學習、玩樂、睡眠，家長可借助裝修的技巧，通過色彩、採光、傢俱、窗戶窗簾和飾物飾品，尋求各種能量的支援，使孩子們學習時能在愉快的環境裡得到充分發揮而上進，玩樂時想像力豐富，睡眠時能寧靜安祥，舒適柔和。

孩子成長到一定年齡，便需要相對獨立，不喜歡被打擾，因此兒童房也需要有私密性。在尊重孩子的私密性的基礎上，仍要儘可能不動聲色地對兒童房給予關照。

1. 兒童房的位置

孩子有如清晨七八點鐘的太陽，因此在黎明時能最早接受陽光能量的房間即是最理想的兒童房。所以兒童房首選設在住宅的東部或東南部，選擇這兩個方向能刺激孩子的健康發展，能預示著兒童天天向上，活潑可愛，穩步成長，而住宅的西部五行屬金，下午會接收陽光，也可以用作兒童房，但是此方位更適合於兒童睡眠，不利於兒童房的遊戲功能。

2. 兒童房的內部佈局

兒童房因為其特殊的功能，所以在佈局方面除了要避免成人臥室所遇到的問題，如床不可擺放橫樑之下，不可床頭靠窗等，另外兒童房亦要遠廚廁，以免受油煙、污穢之氣的干擾，更不應有穿堂風使孩子易於著涼感冒。兒童房需要空間，不可裝潢太複雜，傢俱也不宜太龐大，否則會使房間有阻塞與局侷促之感。

兒童房是兒童私有的空間，要令兒童健康成長且能夠獨立，減少依賴性，則在房間裡可設有一張小桌子或小儲藏櫃等，讓他們自由組織內部的物品，培養他們的動手能力，作家長的不要去干預，但要切記傢俱儘量多用圓形，忌用玻璃製品，避免尖角和降低磕碰的危險。並且教導他們玩耍後能夠立即將玩具等物品自己收拾好，培養有始有終的習慣。

3. 兒童房的地面

兒童房的地面以鋪天然的木地板最佳，因為既安全又易清潔。避免用石材鋪地，要考慮沒有通過認證的石材所含有的放射性材料所帶來的影響，也不宜放置地毯，雖然地毯的安全性

較高，不怕小孩跌倒，但是由於容易附著太多粉塵，長期使用會導致兒童患支氣管炎和呼吸道疾病。

4. 兒童房的顏色

兒童房內部的顏色對小孩的心態也有很重要的影響，首先色澤要淡雅，不可用太刺眼的大紅大紫色，避免刺激小孩，也忌用黑色及純白色，而用淡藍色為底點綴一些草綠、明黃、粉紅的色澤則較好，能取得和諧的效果。

兒童房裡一般都會掛畫，圖畫對孩子成長的影響很大，首先牆壁上的圖畫應以自然正面的內容為主，不宜掛鐵甲戰士，濃妝豔抹的明星圖畫，也不要掛神像等。因為這樣容易使孩子幼小之時耳濡目染，性格易變得過於早熟，不利其自然成長。

5. 兒童房的床位

兒童床的擺放位置很重要，兒童床的位置除了要參考成人房的相關忌諱外，還有其他的注意事項。

孩子如果是家中的獨生子女，兒童床的床位應與父母的床位放於同一方向，這會有助於父母與孩子感情的融洽。如果家中有兩個或以上的小孩合用一個房間，將他們的床放於同一方向，也有助於減少他們之間的摩擦和矛盾。

兒童床的床頭朝向以東及東南位較好。因為東及東南位五行屬木，利於成長，對小孩身高和健康很有益處。但如果小孩夜間難以入眠，則可選較為平靜的西部及北部。而床頭朝向南部會導致兒童脾氣急躁，東北會導致兒童粗心大意，西南會導致兒童膽小拘束，西北會導致兒童過於早熟，最好要謹慎選擇，因為這幾個位置對兒童的成長都不利。

6. 兒童房的照明

兒童房的照明最好使用柔和的壁燈以代替櫃燈或地燈，既溫馨體貼，又能避免兒童玩耍時拖出電線及接觸插頭，造成危險。

倘若孩子怕黑無法入眠，或天黑就顯得拘束，在兒童房裡的高處放上一盞小燭燈，會有利於改善怕黑的問題。

7. 兒童房還要注意的其他事項

(1) 不能以成人床代替兒童床，這裡既有傳統住宅學上對長幼有序的講究，亦可防止小孩睡覺時會倒臥而發生危險。

(2) 兒童房的門在晚上要保持關閉，而窗戶要安上窗簾，白天捲起，使窗戶外的新鮮空氣和陽光無遮無擋；晚上則拉上簾子，這會有利於阻隔外界聲光電的影響，使孩子易於入睡。

(3) 為了減低電子輻射及用電危險，在兒童睡房最好不要放電視機、錄影機與電腦等電器。

(4) 兒童房不要放置鏡子和懸掛太多風鈴，避免小孩因容易分心而導致神經衰弱。

(5) 兒童玩具應以鋼琴，汽車或積木等有利於啟迪智力的玩具為主，而洋娃娃，動物玩具等在任何情況下均不要關、鎖起來，免得對孩子身心有不良的影響。玩具的材料以木造最理想，因為這種玩具取材天然而且堅固耐用。

嬰兒房的安排

嬰兒一出世，其實就已經與傳統住宅學結下了不解之緣，因為嬰兒房的位置和佈局，會對嬰兒的健康成長產生很大的影響。除了普通臥室的相關忌諱外，嬰兒房還有諸多講究，必須小心謹慎。

1. 位置

由於嬰兒一出生後幾乎都在睡覺，並且嬰兒的身體機能均很稚嫩，因此絕對不能讓嬰兒住在剛剛裝修好的房子裡。嬰兒房應儘量避免外人來往，更不要在屋裡吸菸，以減少空氣污染。還要避免噪音和油煙，絕不能與廚房相對，以免受到污染。

嬰兒的居室及周圍應避免接觸噪音。因為嬰兒的耳膜十分脆弱，持續的噪音會破壞嬰兒的聽力，而且嚴重的還會影響嬰兒的智力發育。

嬰兒房內必須保持良好的光線與通風，而房間的方位在東方為好，因為光的能量能夠充分進入室內，白晝與黑夜的體現較為完善。嬰兒的房間向陽，陽光中的紫外線可以促進維生素D的形成，防止嬰兒患小兒佝僂病，但應注意避免陽光直接照射嬰兒臉面。

如果在室內，不要直接隔著玻璃曬太陽，因為玻璃能夠阻擋紫外線，無法充分發揮促進鈣質吸收的作用。此外，嬰兒和母親的被褥要經常在陽光下翻曬，這樣可以殺菌，以防止嬰兒皮膚和呼吸道發炎。

2. 床位

嬰兒床應該是獨立的，放置在房間的中央，體現愛護寶寶的思想，也利於大人周圍呵護，這樣有利於嬰兒的成長與自我意識，而且頭北腳南的位置特別適合初生嬰兒。

嬰兒居住環境的要求不一定是高級住宅，只要用心佈置，因陋就簡，同樣會使小寶寶有一個良好的環境。房間要保持恒定的溫度和濕度，夏季室溫應在24°C~28°C為宜，冬季在18°C~22°C為宜，濕度在40%~50%左右。冬天可用暖氣、紅外線爐取暖，但一定要經常通風，保持室內空氣新鮮，通風時注意風不要直接吹著嬰兒，外面風太大時應暫不開窗，為了保持居室空氣新鮮，應用濕布擦桌面，用拖把拖地，不要乾掃，以免塵土飛揚。

3. 顏色

嬰兒的房間顏色以淺淡、柔和為宜。特別是淡藍色，對嬰兒的中樞神經系統有良好的鎮定作用。

小孩房的禁忌

望子成龍，望女成鳳，這都是每一位父母的心願，可是由於過分寵愛子女，也由於希望子女有一個安詳舒適的讀書空間，如臥室的佈置及書房的佈置，無不講求盡善盡美。可是經過多年來的室內設計操作經驗顯示，往往很多人弄巧成拙，真是可惜，舉日常生活中有關小孩房禁忌的說法如下：

1. 關於孩子的臥室

(1) 臥室不可設在機器房邊、陽台底下，易造成腦神經衰弱。

(2) 臥室進門處不可有鏡子門，以免多口舌是非。

(3) 臥室天花板應平坦，以乳白色為佳（暗色為凶），天花板可裝飾縱橫木條，但不可懸吊各種奇怪飾物。

(4) 臥室地板不可鋪深紅色地氈及長毛地氈，以免患支氣管炎。

(5) 臥室不可懸掛太多風鈴。

(6) 臥室光線應該明亮，主色忌粉、大紅、深黑色，以免個性易暴躁不安。

(7) 臥室小，不可裝潢太複雜，使空間看起來寬敞為吉。

(8) 臥室中的洋娃娃不要關、鎖起來。

(9) 臥室門不可與廁所門對沖。

2. 孩子臥室的牆壁

(1) 牆壁不可張貼太花俏的壁紙，以免心亂、煩躁。

(2) 牆壁不可貼奇形怪狀的動物畫像，以免孩子行為怪異，因有形必有靈，物以類聚。

(3) 牆壁不可貼武士戰鬥之圖，以免孩子心靈上產生好勇鬥狠之心態。

3. 孩子書桌

(1) 書桌背後及左右不可沖門。

(2) 書桌不可面向廁所，也不可背靠廁所浴室，左右不可與廁所浴室門相沖。

(3) 不可在廚房灶臺上下，廁所浴室之上下。

(4) 書桌前最好不要有高物壓迫。

(5) 書桌不可面向屋外巷沖、路沖或水塔。

4. 孩子床位

(1) 床位不可設在橫樑下。

(2) 床位若面向窗戶，陽光不宜太強，陽光太強易心煩。

(3) 床位不可在陽台上（擴建後，有些床位全部或一部分位於陽台上），更不宜靠近陽台之落地窗。

(4) 床位不可在廚房灶臺上下（易患皮膚病、心煩氣躁），也不可在廁所上下。

(5) 床位腳部不正沖門（腳易扭傷）或馬桶。

(6) 床位頭部不沖房門，不可靠在廁所馬之前後。

(7) 床位不可放在神廳神位之正下（孩子正常時最好不要）。

(8) 床頭不可以放答錄機（會腦神經衰弱）。

孩子的房間該怎樣改

俗云「從小看到老」，說明幼時教育非常重要，而孩子居住的場所則顯得更為重要。以西北方位的孩子房為例，從屋子中心看西北方位，這是一家之主的位置，在西北方位設置孩子房間的話，會使孩子早熟，不利學業。

本來，應該是成年人擁有的東西給了小孩子，當然就會變得不對勁兒了。西北的方位象徵權威、厚重等，住在那個方位的孩子，固然有某些方面的才能，但是，他將變得太老成，而喪失小孩應有的純真，喜歡跟別人講道理，使得周圍的大人蹙眉頭。在這種情形之下，他的同齡朋友會一個個的離開，對他沒有半點益處。

如果能夠按照理想更換方位的話，男孩子最好住於東方位的房間，女孩子最好住在南或東南方位的房間。如果連這個地步也做不到，那麼，就叫孩子居住在屬於他十二支方位的房間吧！因為這也是吉相。例如龍年生的孩子住東方位的房間，子年生的孩子住北方位的房間。

如果空間有限，孩子房無法在吉位的話，只好用顏色來補救，不妨改成乳酪色、粉紅色，或者駱駝色的暖色系統。灰色或藍色有一種冷森的感覺，不適合孩子的房間。只要如此改變牆壁的顏色，房間的氣氛就會改變過來。

對於西北方位的孩子房間，經過了顏色的改良以後，不妨在天花板吊一些燈飾以增加亮度。如此一來，效果會更好。

起居的重心

事業起點—客廳與書房

不可小覷的客廳

客廳既是家中迎賓待客之所，通常也是一家大小的日常活動中心，在家居裝潢中屬於戰略重地，從客廳的格局就可以感受主人的涵養與氣度，即所謂「室雅何須大，花香不在多」，由於客廳的範圍廣闊，與其他功能空間互相聯繫，擺設在其中的傢俱又多，對整個宅運的影響不可小覷，不論是為了美化家居，或是為了趨吉避凶，客廳地位均非常重要，其佈置裝修都必須仔細考量，才能聚氣生財。

客廳是公用的場所，是住宅中所有功能區域的銜接點，所以動線宜開闊，最好設在住宅的中央位置。客廳應在房前，而不宜在房後。相對於房間，客廳採光一定要好，光線要充足，講究「光廳暗房」。若因客廳寬敞，便隔出一部分來做臥房，並不理想。客廳的入口處不宜看到廚房灶台、房門及後門，走道也應該避免直向或橫向地貫穿全室。

客廳的顏色搭配，雖然不一定要襯屋主的五行，但必須要考慮客廳的方向，而客廳的方向，主要是以客廳窗戶的面向而定。窗戶若向南，便是屬於向南的客廳，窗戶若向北，便是屬於向北的客廳。正東、正南、正西及正北在方位學上被稱為「四正」，而東南、西南、西北、東北則被稱為「四隅」，座向是為客廳選擇用色的重要參考。

1. 四正位元的客廳顏色配置

(1) 東向客廳─宜以黃色來作主色。

東方五行屬木，乃木氣當旺之地，按照五行生剋理論，木剋土為財，這即是說土乃木之財，而黃色是「土」的代表色，故此客廳若是向東，在選擇客廳用的油漆、牆紙、沙發時，宜選用黃色的顏色系列，深淺均可，只要採用這種顏色，可收旺財之效。

(2) 南向客廳─宜以白色來作主色。

南方五行屬火，乃火氣當旺之地，按照五行生剋理論，火剋金為財，故此若要生旺向南客廳的財氣，選用的油漆、牆紙及沙發均宜以白色為首選，因為白色是「金」的代表色。南窗雖有南風吹拂而較清涼，但因南方始終乃火旺之地，若是採用白色這類冷色來佈置，則可有效消減燥熱的火氣。

(3) 西向客廳─宜以綠色來作主色。

西方五行屬金，乃金氣當旺之地，金剋木為財，這即是說木乃金之財，而綠色乃是木的代表色，故此向西的客廳若是用這種顏色作佈置，可收旺財之效。

並且向西的客廳下午西照的陽光甚為強烈，不但酷熱，而且刺眼，所以用較清淡而又可護目養眼的綠色，十分適宜。

(4) 北向客廳─宜以紅色來作為主色。

北方五行屬水，乃水氣當旺之地，而水剋火為財，因此若要生旺向北客廳的財氣，便應選用似火的紅色、紫色及粉紅色，無論客廳內的壁紙、沙發椅以及地毯均以這三種顏色為首選。並且從生理角度方面來考慮，冬天北風凜冽，向北的客廳較為寒冷，不宜用藍色、灰色及白色這些冷色。若是採用似火的紅紫色，則可增添溫暖的感覺。

2. 四隅位的客廳顏色配置如下

　　東南向客廳主色宜用黃色；

　　西南向客廳主色宜用藍色；

　　西北向客廳主色宜用綠色；

　　東北向客廳主色宜用藍色。

客廳的生財之道

客廳的最重要方位在傳統住宅學中被稱為財位，關係到全家的財運、事業、聲譽等的興衰，所以財位的佈局及擺設是不容忽視的。財位的最佳位置是客廳進門的對角線方位，這包含以下三種情形：如果住宅門開左邊時，財位就在右邊對角線頂端上；如果住宅門開右邊時，財位就在左邊對角線頂端上；如果住宅門開中央時，財位就在左右對角線頂端上。財位的佈置有諸多講究，具體而言有以下十大注意事項：

1. 忌無靠

財位背後最好是堅固的兩面牆，因為象徵有靠山可倚，保證無後顧之憂，這樣才可藏風聚氣。反過來說，倘若財位背後是透明的玻璃窗，這不但難以積聚財富，而且還因為容易洩氣，有破財之虞。

2. 財位應平整

財位處不宜是走道或開門，並且財位上不宜有開放式窗戶，開窗會導致室內財氣外散。若有窗戶可用窗簾遮蓋或者封窗，財氣才不致外漏。財位要儘量避免柱子和凹處，若此處恰是通道則可放置屏風，這樣既能避免穿透的尷尬，亦可形成一個良好的財位。

3. 財位忌凌亂及振動

財位長期凌亂及受振動，則難固守正財。所以財位上放置的物品要整齊，也不可放置經常振動的各類電視、音響等。

4. 財位忌受污受沖

財位應該保持清潔，倘若廁所浴室在財位或任由雜物堆放在財位，就會玷污財位，令財運大打折扣，不但使財位不能招財進寶，反而會令家財損耗，財位也不宜被尖角沖射，以免影響財運。

5. 財位不可受壓

財位受壓會導致家財無法增長，倘若將沉重的衣櫃，書櫃或組合櫃等等放在財位，令財位壓力重重，那便會對家宅的財運有百弊無一利。

6. 財位宜亮不宜暗

財位明亮則家宅生氣勃勃，因此財位如有陽光或燈光照射，對生旺財氣大有幫助，如果財位昏暗，則滯財運，需在此處安裝長明燈來化解。

7. 財位宜坐也宜臥

財位是一家財氣所聚的方位，因此應該善加利用，除了放置生機茂盛的植物外，也可把睡床或者沙發放在財位上，在財位坐臥，日積月累，自會壯旺自身的財運。此外，如果把餐桌擺在財位也很適宜，因為餐桌是進食之所，在吸收食物能量的同時，又吸收財氣，可謂一舉兩得。

8. 財位宜擺放吉祥物

財位是旺氣凝聚的所在地，若在那裡擺放一些寓意吉祥的招財物件，例如福、祿、壽三星或是文武財神的塑像，是吉上

加吉，有錦上添花的作用。

9. 財位忌水

財位好穩忌水，因此不宜在此處擺放水種植物，也不可以把魚缸擺放在財位，以免見財化水。

10. 財位植物要講究

財位宜擺放生機茂盛的植物，不斷生長，可令家中財氣持續旺盛，運勢更佳。因此在財位擺放常綠植物，尤其是葉大或葉厚葉圓的黃金葛、橡膠樹、金錢樹及巴西鐵樹等，最為適宜。但要留意，這些植物應該用泥土來種植，不能以水培養。財位不宜種植有刺的仙人掌類植物，因為此類植物是用來化煞的，如不明就裡，弄巧成拙，反而對財位造成傷害。而藤類植物由於形狀過於曲折，最好也不放在財位上。

客廳通道安門的講究

有些客廳與臥室之間存在一條通道，從傳統住宅學角度來看，如果有以下這兩種情況出現，便必須在通道安門：

1. 通道盡頭是廁所

有些房屋的通道盡頭是廁所，不但有礙觀瞻，而且在傳統住宅學上也不是吉兆。而在通道安門後，坐在客廳中既不會看見他人出入廁所的尷尬情況，亦可避免廁所的穢氣流入客廳。

2. 大門直沖房門

有些住宅設計不當，出現大門與房門成一直線的情況，而有些往往房中的窗也在同一直線上，這是與前文分析過的「前通後通，人財兩空」，是洩氣漏財的格局，而改善的辦法是安門，令這些旺氣及財氣不會直接流失。

且通道安門還有以下幾點好處：

1. 保護私隱

使開放的客廳與私密的臥室區分明顯，有門阻隔，來客便不會打擾到臥室裡的私人空間。

2. 保持安寧

在通道安門以後，客廳中眾人的談話和喧鬧聲便不會傳入臥室，令房中的人受擾。

3. 節省能源

在通道安門，當家人在客廳活動時，只要把門關上，冷氣便不易進入臥室，這樣可減省不必要的能源消耗。

4. 美化家居

大多人家都把客廳佈置得整齊華麗，通道及臥室卻容易凌亂，通道有門，可達遮掩之效。

5. 節省空間

現代都市寸土寸金，如在通道頂上裝置雜物櫃，可以節省不少空間，而通道門可把雜物櫃掩飾得天衣無縫。

在通道安門，多以下實上虛，下半是實木而上半是玻璃的門最理想，因為它既有堅固的根基，而又不失其通透。若用全木門，密不透風，令客廳減少通透感，也流於古板。倘用全玻璃門，又令客廳太通透，失去隱私，並不理想，特別是有小孩的家庭，因玻璃門易碎，不宜選用。另外，通道的門框不可選擇造型似墓碑的橢圓形，對家居十分不吉利。

如果有以下兩種情況，則通道不宜安門：

1. 廳小不宜安門

面積小的客廳，加上通道的深度，可令客廳看起來深遠一些。如果裝門，便會有狹窄的逼迫感。

2. 窗少的廳不宜安門

通道裝門令客廳的空氣較為呆滯，如果客廳的開窗並不多，屋外新鮮空氣很難進入，再在通道裝門，令客廳的空氣無法與臥室交流，自然不理想。

　　另外，近年來由於歐陸風格的流行，也有些人家把歐式的立柱用到家居的裝飾中，喜歡在家中通道入口兩旁安裝成對的歐風柱式，這本無可厚非，但若有以下的兩種情況出現，便要慎重其事。

1. 廳小門窄不宜用柱

　　倘若客廳面積小而通道口又狹窄，再在通道口加設突出的裝飾柱，更加佔用客廳的空間，通道口亦顯得更擠迫。

2. 燭形的白柱子亦不宜

　　有些人家喜歡選用形似蠟燭的光滑圓柱，其他顏色尚可，倘若採用白色便犯了大忌。這便如同一雙白蠟燭插在臥室入口兩旁，在中國的傳統習俗中，白蠟燭只用於喪事，所以若在客廳出現一對白蠟燭形的木柱，肯定是凶相，必須儘量避免。

客廳的天花板

天花板對住宅而言,是「天」的象徵,相當重要。天花的裝飾與佈置有以下幾個注意事項:

1. 天花頂應有天池

現代住宅普遍樓層高都在2.8公尺左右,相對於現代人日益增高的身長,這個標準已經略有壓力,如果客廳屋頂再加設天花板來裝飾,設計稍有不當,便會顯得相當累贅,有天塌下來的感覺,使居者有被壓迫感。

天花板常為了遷就屋頂的橫樑而壓得太低,無論在風水方面或設計方面均不宜。在這種情況下,可採用四邊低而中間高的設計,這樣一來,不但視覺較為舒服,而且天花板中間的凹位可形成聚水的「天池」,對住宅也大有裨益。

若在這聚水的「天池」中央懸掛一盞金碧輝煌的水晶燈,

更有畫龍點睛之妙,但切勿在天花板上裝鏡,此乃風水大忌。

2. 天花板顏色宜輕不宜重

上古天地初開只是渾沌一片,其後分化為二氣,氣之清者上揚而為天,而氣之重濁者下沉而為地,於是才有天地之分。客廳的天花板既象徵「天」,顏色當然是以淺淡為主,例如淺藍色,象徵朗朗藍天,而白色則象徵白雲悠悠。天花板的顏色宜淺,而地板的顏色宜深,以符合天輕地重之義。

3. 昏暗的客廳宜在天花板上藏設日光燈

有些缺乏陽光照射的客廳,日夜昏暗,暮氣沉沉,久處其中容易情緒低落,如有這樣的情況,最好在天花板的四邊木槽中暗藏日光燈來加以彌補。光線從天花板折射出來,既不刺眼,且日光燈所發出的光線最接近太陽光,對於缺乏天然光的客廳最為適宜。日光燈與水晶燈可並行不悖,白晝用日光燈來照明,晚間則點亮金碧輝煌的水晶燈。

客廳尖角的化解

許多現代住宅的客廳裡存在著尖角與樑柱，不但觀感不佳且容易造成危險事故，對住戶影響甚大。從住宅美學的角度來看，須多費心思，以免讓客廳失去和諧統一，並設法加以化解。化解尖角有以下幾種辦法：

1. 用木櫃把尖角填平，高櫃或低櫃均可。

2. 把一盆高大而濃密的常綠植物擺放在尖角位，這也可有助消減尖角對客廳的影響。

3. 在客廳的尖角位擺放魚缸亦是甚好的化煞之道，因為魚缸的水可削減尖角的壓迫，令這角位的氣大有迴旋餘地，不但符合傳統住宅學之道，而且可以美化家居景觀。

4. 採用以木板把尖角填平，以木牆把尖角完全遮掩起來，然後在這堵新建的木板牆上懸掛一幅山水畫，最好是「高山日出」圖，以高山來鎮壓尖角位，既美觀而又可收化煞之效。

5. 把尖角中間的一截掏空，設置一個弧形的多層木製花台，放幾盆鮮潤的植物、小品並用投射燈打亮，既避免了以尖銳示人，也使家中頓添盎然生趣，化弊為利，成為家中一個觀景的亮點。

客廳樑柱的化解

客廳中若有樑柱出現，無論在家居設計方面或者傳統住宅學方面均是需要解決的難題。

直者為柱，橫者為樑，樑柱均是用來承托房屋的重量，不可或缺，差別只在是否出現於顯眼的位置而已。倘若出現在顯眼地方，對客廳造成妨礙，便需要設法掩飾。

客廳的柱主要分為兩種，一種是與牆相連的柱，稱為牆柱，而另一種是孤立的柱，稱為獨立柱。由於目前的建築設計裡，牆柱是一個很受關注的問題，因此獨立柱已經較少見到。因為牆柱較易處理，而獨立柱稍為處理失當，便令房子黯然失色，風水亦大打折扣。一般來說，柱子愈大便愈難處理，所以在選擇居所時，要看清楚屋內是否獨立柱大而多，倘若有這種情況，便應割愛而另擇佳處置業為宜。

柱之上大多有樑，因此坐近柱邊，往往會受橫樑壓頂，所以應儘量避免坐近柱邊。有些人喜歡在兩柱之間擺放沙發，以為這是善於利用空間，其實這是錯誤的，原因就是柱上大多有橫樑，若是貼柱而坐，則很可能有橫樑壓頂，橫樑壓頂如同受人胯下之辱，發展及活力易受壓制，在傳統住宅學上是大忌。而如果是以櫃來擺放在兩柱之間，壓的是櫃而並不是人，便無大礙。

連牆的牆柱通常用書櫃、酒櫃、陳列櫃等便可遮掩，與客廳的其他部分渾然一體。與牆柱相比，獨立柱當然是難以處理得多，因為獨立柱令人視野受阻，活動空間又易受障礙，必須巧妙佈局，才可化腐朽為神奇。

如果獨立柱距離牆壁不遠，可採用以木板或矮櫃把它與牆壁連成一體。連柱的壁板上可以掛畫或花草來作裝飾，而矮櫃則可令視野通透，增加景深，沒有沉悶閉塞之感。

倘若不用矮櫃，選用高櫃亦可，但視野當然會打折扣。此外，若用高身木板來做牆，木牆上宜加裝飾照明，以免太過單調。

獨立柱如距牆壁太遠，不能以櫃子或木板讓它與牆壁相連，則必須以其作為中心來佈置，以下是兩個既美觀而又符合傳統住宅學之道的解決方案：

1. 柱位做分隔線

因為客廳中的獨立柱很顯眼，可以拿來作分界線，一邊鋪地毯，另一邊鋪石材。亦可做成臺階，一邊高一邊低。這樣看起來，仿佛原先的設計便是以獨立柱作為高低階的分界線，觀感便會自然得多。

2. 花槽繞柱

如果是寬闊的客廳，便可在獨立柱的四邊圍上木槽，放些易於生長的室內植物。為了節省空間，獨立柱的下半部不宜設花槽，花槽應在柱的中部開始，既美觀又不累贅，並且達到了綠化的效果。

如果柱子遮擋了部分陽光，柱壁上應該裝置燈光作輔助照明，既可解決客廳中光線不均的問題，又可增加美觀。

樓梯

在傳統建築裡，樓梯扮演著重要角色，有承上啓下的作用。現代的住宅由於多是平面的結構，樓梯經常只是作為一種公共的設施，所以大多人對它的作用並不重視，但是隨著各種新式住宅的流行，家居多層面的空間要靠樓梯來銜接，樓梯再度被納入住宅的內部空間，它的方位、形狀對住宅的內部佈局產生了強烈的影響。

有人認為樓梯和房間不同，只是發揮通道的功能。其實，樓梯既是家中接氣與送氣的所在，也是很容易發生事故的地方，倘若弄錯設置方位，容易給家中帶來損害。

樓梯的理想位置是靠牆而立。當樓梯迎大門而立時，為了避免樓上的人氣與財氣在開門時會沖門而出，可在梯級於大門對面之處，放一面凸鏡，以把氣能反射回屋內。設置樓梯時，絕對要避免的是房屋的中心，在住宅的中央穿過的樓梯把家一分為二，是很不利的。家居樓梯一般有三種類型，一種是螺旋梯，一種是斜梯，一種是半途有轉彎平臺的樓梯。就斜梯和半途有轉彎平臺的樓梯來說，樓梯的第一個臺階位置在房屋中心還無礙，如果到達樓梯盡頭的平臺是房屋中心，就是大凶的格局。

樓梯底下可以擺放植物，或者做儲物櫃，但不宜作餐廳、廚房、臥室等。

樓梯是快速移氣的管道，讓氣自家裏的一層往另一層移動，當人們在梯級上上下下，便攪動氣能，促使其沿樓梯快速地移動。為了在家居中達到藏風聚氣的目的，氣流必須迴旋而忌直沖，因此，樓梯的坡度越陡，風水上的負面效果越強，所以樓梯的坡度應以緩和較好，在形狀上，以螺旋梯和半途有轉彎平臺的樓梯為首選，另外要注意的是最好用接氣與送氣較緩的木製梯級，少用石材與金屬製成的梯級。

運用植物美化家居

客廳是家庭中最常放置室內植物的空間，最昂貴的植物都應該放置於客廳，客廳植物主要用來裝飾傢俱，以高低錯落的植物自然狀態來協調傢俱單調的直線狀態，而配置植物，首先應著眼於裝飾美，數量不宜多，太多不僅雜亂，而且生長不好。植物的選擇須注意中、小搭配。此外應靠角放置，不妨礙人們的走動。

從屋主在客廳中所安置的植物可感受其性格。蕨類植物的羽狀葉給人親切感，鵝絨質地則使人溫柔，鐵海棠展現出鋼硬多刺的莖幹，使人敬而遠之，竹子體現堅韌不拔的性格，蘭花幽靜芳香、風雅脫俗，植物的氣質與主人性格、室內氣氛應相協調。

客廳佈局時應避免將雜亂的綠色植物或普通的觀賞花卉零散地擺設在客廳的窗臺、壁爐及電視機上等位置。謹慎選擇植物類型可使室內改觀，如利用吊籃與蔓垂性植物，可以使過高的房間顯得低些，較低矮的房間則可利用形態整齊、筆直的植物，使室內看起來高些，葉小、枝條呈拱形伸展的植物，可使窄小的房間顯得比實際面積更寬。

植物比例的平衡極為重要，而對比的應用也不容忽視，客廳富麗堂皇的裝潢可以用葉形大而簡單的植物增強，而形態複雜、色彩多變的觀葉植物可以使單調的房間變得豐富，給客廳寬闊、舒暢的感覺。不少家庭在客廳裡設置壁爐，冬天在壁爐裡燃燒炭火令人溫暖，其他季節裡，可利用植物來佈置空洞的壁爐作為裝飾，但壁爐光線通常不足，故宜選擇喜陰涼的觀葉植物或季節性觀賞花卉作為點綴。

客廳窗不對廚廁窗

　　客廳為家人聚會的地方，因為人帶陽氣，所以會使住宅的客廳充滿人情味與陽氣。

　　至於廚房為煮飯炒菜之地方，屬於燥火之地。火為陽，即是燥陽，而廁所卻是藏污聚陰之地，故屬於獨陰。

　　有一些大樓，坐在客廳向窗看去，會看見很多其他住宅的廚房或廁所，這種情況，稱為宅氣駁雜，使家人的運氣不平穩，時好時壞。當賺錢多時，又會發生多方面的事情來令自己損耗金錢。若有這種情形出現時，可在窗前安裝一盞長明燈，使大廳的陽氣得以穩定。

　　不過，兩座大樓的距離超過大約一百公尺，就算客廳是對著別人廚房或廁所，亦不會受影響，因為那些燥陽或獨陰之氣，已不能與自己住宅的氣交流。

客廳裝修的民間說法

民間說法，有的是經驗之談，有的則是傳說，但說不定有那麼一兩句能夠給予裝修客廳的屋主一些靈感。

1. 所有的門應由左邊開

所謂左青龍右白虎，青龍在左宜動，白虎在右宜靜，門應從左開為吉，也就是說人由裡向外、門把宜設在左側。開門如有左右顛倒容易導致家庭紛爭。

2. 大門不可正對電梯

大樓住家其大門不可以正對電梯門，正對造成沖射不利財運，住戶容易得患疾病。

3. 大門不可直線對窗、後門或廁所

門和窗戶是理氣進出屋內的開口，大門不可與窗、後門連成一直線，形成前後門相穿，使理氣穿堂直出，不能聚集於屋內，財富無法結集，謂之退財。廁所是提供人們排洩的空間，本質並不乾淨，所以大門不宜直對廁所。大門直對廁所會使理財投資出錯，使人財進財出，損害家人的財運。

4. 大門與客廳應設玄關

傳統住宅學「喜迴旋、忌直沖」。大門與客廳設置玄關或矮櫃遮擋，使內外有所緩衝，理氣得以迴旋後聚集於客廳，住宅內部也得到隱蔽，外邊不易窺探。住宅內部隱蔽深藏，象徵

福氣綿延。

5. 客廳應設在住家的最前方

進入大門後首先應看見客廳，而臥房、廚房以及其他空間應設在房子後方。空間運用配置顛倒，誤將客廳設置在後方，會造成退財格局，容易使財運走下坡。

6. 住家旺位在大門的斜對角

住家旺位通常是在客廳，其主要條件為清靜、安定。旺位忌在通道的動線，一般而言旺位是在進入客廳門口的斜對角。旺位不宜懸掛鏡子，因為鏡子有反射的效果，容易阻礙家人的運勢，使財運不濟、機會流失。旺位應放置可助長運勢的吉祥物，最好的方法是種植具有生命力的寬葉綠色植物。

7. 客廳不宜陰暗

客廳首重光線充足，所以陽台上儘量避免擺放太多濃密的盆栽，以免遮檔光線。明亮的客廳能帶來家運旺盛，所以客廳壁面也不宜選擇太暗的色調。

8. 客廳地板不宜高低不平

客廳地板應平坦、不宜有過多的階梯或製造高低的分別。有些客廳採用高低層次分區的設計，使地板高低有明顯的變化，家運也因地板的起伏而多坎坷。

9. 客廳不可成為動線

客廳是聚集旺氣的地方，應要求穩定，不應將客廳規劃在動線內，使人走動過於頻繁。客廳設在通道的動線中，容易使家人聚會或客人來訪受到干擾。亦影響屋主的事業和人際關係。

10. 客廳若有樑橫跨，應以裝潢遮掩

客廳的天花板若有橫樑，將形成壓迫的感覺，人們坐在橫樑下容易造成精神緊張，運勢不振。應儘速將橫樑遮掩在夾層的天花板裡。

11. 客廳應多使用圓形造型的裝飾物

客廳是家人和親友相聚的地方，最需要營造出活潑、融洽的氣氛。圓形屬陽、是動態的象徵，所以圓形的燈飾、天花造型、以及裝飾品具有引導溫馨、熱鬧的氣氛。

12. 客廳不宜亂掛猛獸圖畫

客廳如懸掛花草、植物、山水或是魚、鳥、馬、白鶴、鳳凰等吉祥動物，通常較無禁忌。但如果您喜好懸掛龍、虎、鷹等猛獸時，則需要特別留意將畫中猛獸的頭部朝外，以形成防衛的格局，而千萬不可將猛獸之頭部向內威脅自己，否則容易為家人帶來意外災禍。

13. 客廳不宜塞滿古董、雜物或裝飾品

客廳如果塞滿古董、雜物和裝飾品，容易堆積灰塵，影響氣流暢通，當然容易使人氣血不順，健康衰敗。

擺放鞋櫃的學問

鞋子也有磁場，你有沒有留意過呢？下面介紹一些關於鞋子的問題給大家，希望在各位的客廳別留下遺憾。

不少女士擁有大堆不同款式的鞋子，並喜歡將鞋放於臥室內，方便上街前選擇。可是在傳統住宅學上，鞋只適宜擺放於大門口附近，不宜放在屋內其他地方，包括臥室。

上街穿的鞋，沾染了金、木、水、火、土五行的氣，通常比較雜亂，故只適宜放於經常出入的大門附近。如果把鞋子四處亂放，外面「不好的氣」將會隨鞋子進入屋內，影響屋中人的運程。所以，家中最好添置一個鞋櫃，將鞋子全部放進櫃內，不好的磁場便無法隨便釋放出來。

對於大門面向走廊的住宅，鞋櫃更可兼作屏風之用，阻擋由大門直沖而進的煞氣。至於不曾穿過上街的新鞋，或供室內專用的拖鞋，放在家中任何地方都沒有問題。

鞋櫃擺放的方向也要注意。一家之主若從事文職工作，宜把鞋櫃放置於家中的文職位，即東南方。藍領工人等靠勞力謀生的朋友，則宜放於武職位，西北面最有利，有助事業更上一層樓。以上的方位長年適用，毋須每年轉換。

鞋櫃通常是多層式設計，以傳統住宅學角度來說，鞋櫃以五層為佳，代表五行並存。鞋櫃少於五層問題不大，多於此層數則不合適，因為鞋子本就沾有很多泥土，如果擱得高的話，容易弄髒地板或者直接掉落下來。再者，鞋子代表「根基」，根基打得穩，有助事業發展理想。

同樣道理，每層鞋櫃最好擺五對鞋，以達致五行平衡的效果。

另外，現下流行的尖頭鞋，鞋頭最好向櫃內放，否則，每次打開鞋櫃取鞋的時候，鞋尖對著自己，形成火煞，久而久之，對健康有害無益。

書房定江山

設計書房最先考慮的是如何擺書桌，一般來說，將書桌對著門放置比較好，比如您書房的門是向南的，就將書桌也向著門放置即可；這是方向問題，那麼位置呢？這裡要注意一點，書桌的方向要對著門，但在位置上卻要避開門，不可和門相沖。不然受門外煞氣直沖，精神無法集中，而且這種長期受沖的書桌位置，必定給事業帶來損失。這是書桌放置的最基本規則。

透明的玻璃帷幕建築是一種流行的趨勢，但作為一個事業的主持者或重大決策的執行者，座位切不可背靠玻璃，這種「背後無靠」的情形是經營者的大忌，必然損及財運及事業的發展。同樣的，在您家的書房裡，也要避免背後無靠的情況出現，尤其是在校就讀的大中小學生，書桌座位的背後最好能靠牆，這樣就基本避免了背後無靠的發生。

靠窗的書桌，要注意窗外十公尺以內其他房屋射入的尖角，尖角距離越遠影響越小，越近影響越大。

書桌同樣忌諱「橫樑壓頂」，如果實在無法避免也要裝設天花板將之擋住。當然，更忌橫樑壓在坐者的頭頂或書桌上，否則事業的經營必然困難重重，更會影響身體健康及精神狀態。

每一間書房都應該有窗，因為有窗的房間，空氣以及光線均較為理想，書房自然以有窗為妙。但有一點請注意，書房的窗不宜正對書桌，因為書桌「望空」是不太適宜的。撇開傳統住宅學不談，就環境而言，書桌正對窗戶，人容易被窗外的景物吸引分神，難以專心工作，這對尚未定性的青少年來說，影響特別嚴重。因此，為了提高他們學習時的注意力，家長應該避免把他們的書桌正對窗戶。

任何房間寧可小而雅致，忌大而無當。有些家居比較寬敞的住家，將書房設置得很大，其實在這樣的書房裡看書或者寫作，都難以集中精神，因為「聚氣」是傳統住宅學中基本原理之一，在這樣大的書房裡，是難以達到「聚氣」的，難免精神會分散，如果您是老闆或是經理，在如此之大的書房裡「運籌帷幄」，對事業的發展有極大的妨礙，不可不慎。

書房的裝修

每個家長都有望子成龍的夢想，有條件的家長還專門給孩子佈置了書房。關於書房的佈置，傳統住宅學上可以提供有效建議。

書房的佈置，強調書桌的擺放。傳統住宅學認為書桌或書房位於文昌（文曲星）方位，便可助成學業。

所謂「文昌位」就是指文曲星所飛臨的方位，換句話說，文曲星飛臨到哪個方位，哪個方位就是文昌位。不同的房子的文昌位是不同的，如坐北朝南的房子，其文昌位在東北位。但是，利用文昌位，是一種助緣，如果自己不認真學習，就算書桌放在文昌星位，也於事無補，縱然得到文曲星的幫助，也不致因此便有極大的成就。

放置書桌的方位，在「室內格局傳統住宅學法」上要依以下幾個原則：書桌要向門口，門口為向，外為明堂，這樣擺法，主人頭腦清醒，但不可被門沖。座位宜背後有靠，背後坐，以牆為靠山，古稱樂山。這種擺法，主要為了貴人眷顧：上學之兒童，得老師寵愛；上班人士，得上司賞識與提攜。不宜被門沖，犯門沖煞的人思想不集中，精神不佳，因此考試成績較差，成人則工作容易出錯等。不宜背門，此缺靠山之格：上學者，得不到老師的寵愛；上班的人士，較難得到上司的賞識與提攜。不宜放中宮位，此為四方無靠、孤立無援之格。無論學業還是事業都不會太好。

以下是書房的禁忌：

1. 書櫃不可太高壓床—主身體虛弱。

2. 書櫃不可壓迫書桌—主心神不定、勞心頭昏。

3. 書桌不可壓在樑下—主心神散亂。

4. 書房燈光不可太強—主容易疲勞。

5. 書房電器類不可太多—主頭痛、心神不專。

6. 書房牆面不可亂貼偶像—主精神錯亂、惡夢、疑心病。

家中的水火

機能重鎮—廚衛空間

廚房方位不良的改造

廚房的作用不僅是煮飯做菜，方位不注意就會引發意外事故。遷入新居後，如果女主人驟然生病，或者因芝麻小事就動氣，帶有歇斯底里的傾向，或者陷入精神不如常的狀態，這並不全是因為肉體或精神疲勞所造成，很可能是把廚房設置於北方，或者鬼門方位的東北、西南方位（從新房子的中心看）之故。

尤其是廚房的爐子、流理台的位置在這些方位的話，除非很開朗而喜歡運動的人，否則都會在精神及肉體方面受到傷害。

看看房子的隔間以及方位，如果發現廚房在鬼門方位如東北，或者西南的話，應該儘早移到安全的方位。因為，一旦女主人有病，家庭就會籠罩上愁雲慘霧。

在隔間時為了圖方便，把廚房設置於北方位並不在少數。換句話說，把客廳或飯廳設置於明亮的東方，或者東南方位時，廚房很自然的就會被設置於東北或北的方位上。

只要把廚房移到安全的東方或者是東南方，女主人便會身體很快地康復─這種例子屢見不鮮。由此可見，女主人跟廚房的方位有著密切的關係。

欲改良廚房的凶相，可說一點困難也沒有。

廚房見喜

民以食為天，我們更應該好好注意廚房對我們的影響：

1. 入廚房不可直接見爐灶

爐灶為一家三餐的餐飲來源，傳統住宅學強調「食者、祿也」，也就是說爐灶是一家財富所在。爐灶忌風，因為風來，火容易熄滅，留不住財氣，所以正對門口或是背對窗戶皆不宜，有漏財之虞。

2. 廚房門不可與大門相對

廚房為一家財富所在，大門為理氣的入口，是家人、朋友進出的地方。大門正對廚房門時，會使廚房對外一覽無遺，財氣盡露，而導致家庭財務困難。

3. 廚房不可對廁所

廚房為烹調食物的地方，而廁所容易滋養細菌、污物，如果兩者相對將會影響衛生，損害家人健康。

4. 爐灶後方不宜空曠

爐灶後方不宜空曠，空曠易招風，火苗不易穩定，影響財運，尤其忌諱爐灶後方有窗戶。

5. 爐灶不可放置在橫樑下

一般而言，室內空間都忌諱橫樑壓頂，爐灶上也不例外。橫樑壓制爐灶主要影響家人的健康，尤其是主掌烹飪的家中婦女。

6. 爐灶不可直接與水槽相鄰

爐灶生火用於烹飪，水槽用於蓄水、洗碗，兩者不宜相連，中間應有流理台隔開，以免水火相沖。

7. 廚房地面及壁面宜鋪設磁磚

大片磁磚接縫少，表面容易清理，不易孳生病黴菌，符合衛生健康。

8. 廚房宜保持空氣清爽

廚房烹飪時容易產生油煙，最好的方法是裝設抽油煙機，以保持空氣清爽。

9. 廚房宜採用歐式櫥櫃

歐式櫥櫃能整齊地收納廚房雜物，使廚房容易保持清潔，櫥櫃以淺色或冷色系為佳，在烹飪時使人容易保持輕鬆愉快的心情。

廚灶的講究

古代傳統住宅學論灶與現在不同，所以古法之學說在現代已不適用。

古灶有灶口，灶中氣由灶口噴出，所以有灶向之吉凶。而現代瓦斯爐根本沒有灶口，只有往上燒，如果不以智慧去思考判斷，繼續拿古法來使用，是大錯特錯，但現代爐灶只可論擺放位置，而不必論灶向，否則只是盲從古法。以下是搜集關於灶位的禁忌說法：

1. 新灶不可放在舊灶之後方（亦不可相對），會造成家庭中目無尊長的現象。

2. 不用之舊灶最好拆除，家中比較平安和睦。

3. 送灶之儀式以壽金二紙，卯時燒香奉送本家灶君，金紙燒完，於入灶，內潑水（第二遍洗米水）。

4. 灶位儘量安在青龍方（左）為吉（孩子聰明）。

5. 灶住儘量不安在白虎方，但在不得已時亦無妨。

6. 灶位儘量不安在屋內正中央。灶位應該安放與屋向垂直或平行，忌安放斜向。

以下是灶的禁忌：

灶位不可沖門或沖路，口舌是非多。

灶位不可壓樑，全家不安（頭上發熱）。

灶位不可與冰箱對沖，冷熱不和（易流產）。

灶位不可與廁所門對，藥瓶不離。

灶位不可沖牆角，腰酸背痛（背後有門來沖亦然）。

灶位後面之外面不可沖他人之屋角（流鼻血不止），心臟病。

灶位兩側不可沖門，灶下不可放醃漬物。

灶台不可安放於陽台之上（上空下空）。

灶台不可安放於水缸旁邊。

灶台不可正對儲水缸。

灶台不可放在化糞池上（藥瓶不離）。

灶台不可放在水溝上面（穿腸，財來財去）。

灶台不可放在廁所之通水管上。

灶台不可背靠廁所（即人向廁所壁）。

灶台不可面對廁所之馬桶。

灶台不可暗對廁所內之馬桶，即便隔牆亦不可以。

灶台不可正對房門（尤忌老人房）。

灶台不可與神位對沖，是非多。

灶台應安於藏風聚氣之處。

灶台不可與屋子相背坐（反背，即人面向屋外）。

灶台應向屋人，主家人和諧同心。

怎樣才算是一個吉相的廚房

廚房的位置和內部的擺設，佔有很重要的地位。因為它是主管著一家人的健康、子嗣和財富。

怎樣才算是一個吉相的廚房呢？

1. 廚房應該設立在住宅的南方，其次是東方或東南方。切忌設立在北方、西方和西北方。
2. 廚房切忌在主人房的隔壁。
3. 廚房內切忌有廁所，或廚房門與廁所門相對。
4. 廚房內的光線要充足，最好陽光能照射。
5. 廚房內的空氣要流通，除了抽油煙機外，還須有抽風機，這可使空氣流通和廚房內的溫度降低。
6. 廚房內要保持乾爽，不能濕氣太重。
7. 儘量避免廚房門入口正沖灶口。
8. 灶頭上要有足夠的空間和高度，不可太過壓灶。
9. 廚房內的刀和利器，不可外露。
10. 廚房內最重要的一環，就是水龍頭，通常不可與灶頭同一位置，或對沖灶頭。但亦須要與家宅的設計相配，很難有一個固定的模式。

餐廳佈置要點

佈 置良好的餐廳,可使家庭和樂、身體健康、財源廣進。俗話說,家和萬事興,餐廳是促進家庭成員和睦相處的關鍵。良好的餐廳不但可凝聚家庭成員的向心力,也有招財的作用。進餐在中國文化是很重要的正式行為,全家人每天至少要共進一餐,感情才會融洽。

1. 格局

餐廳和其他房間一樣,格局要方正,不可有缺角或凸出的角落。長方形或正方形的格局最佳,也最容易裝潢。

2. 位置

餐廳應位於客廳和廚房之間,位居住宅的中心位置。這樣的佈局可增進親子間關係的和諧。餐廳切忌位於上一層樓的廁所的正下方,因為餐廳的好運會受到壓制。

3. 裝潢

家庭的能量部分來自於進餐的食物。由於餐廳是進食的區域,所以跟家庭的財富大有關係。餐廳應採用亮色的裝潢和明亮的照明,以增加火行的能量,蓄積陽氣。在此處放置植物更可增強陽氣和財富。

4. 凶位

餐廳應在住宅的中心位置,但不可直對前門或後門。還有一些格局上的問題也應避免。例如,如果是樓中樓設計,餐廳應位於樓上,餐廳左右兩面牆的窗戶不應正對,因為氣會從一面窗進,而從另一面窗出,無法聚氣,不利於住宅的氣運。避免利用鄰近廁所的空間當餐廳,如果難以避免,餐桌應儘量遠離廁所。

5. 陰陽調合

將餐廳佈置成陰陽平衡,但略偏陽的空間。為了增加陽氣,祖先畫像或古董家俱等屬陰的物品最好不要擺在餐廳。陰氣太重有害家運。另一方面,陽氣過盛又會造成家庭失和。

6. 毒箭

尖銳的屋角和樑柱會放射煞氣,應以傢俱和盆景化解屋角,同時要避免坐在樑下,如果無法避免,可用紅繩在樑上懸掛兩支竹簫,竹簫成四十五度角相對,簫口朝下,如此即可化解煞氣。另一個方法就是裝設仰角照明燈,燈光直射屋樑。

7. 餐桌造型

餐桌的形狀具有重要的意義，最好是圓形或橢圓形，避免有尖銳的桌角。象徵家業的興隆和團結。如果使用方形的餐桌，則應避免坐在桌角，以免被煞氣沖到。

8. 幸運數字

餐桌的座位數對家運也有影響。理論上，六、八、九都是屬陽的幸運數字。雖然家中的用餐人數都是固定的，不過宴客時可據以決定該請幾位客人。

9. 吉方

家中每位成員用餐時都應朝向本命卦的四個吉方之一而坐。調整家中負責生計者的座位，讓他朝生氣方位坐；母親則應朝延年方而坐，因為這代表家庭和樂；在學的子女最好朝向伏位，有發旺文昌運之效；家中長輩面對天醫方而坐，則可長保健康。

10. 鏡子

在用餐區裝設鏡子，映照出餐桌上的食物，有使財富加倍的效果。這是家中唯一可以懸掛鏡子映照食物的地方，其他諸如廚房是絕對不能掛鏡子，因為會導致意外或火災發生。

11. 吉祥物

餐廳適合擺福祿壽三仙，象徵財富、健康和長壽。此外，水果和食品的圖畫，也會帶來好運。橘子代表富貴，桃子代表長壽和健康，石榴代表多子多孫。

12. 餐具

國人習慣用筷子和湯匙進食，避免使用尖銳的刀叉，可防止沖煞。碗盤通常也有龍、蝙蝠或桃子等吉祥物做為裝飾。

13. 餐桌禮儀

進餐時發生口角是既不禮貌又觸霉頭的事。用餐時間是一家人歡聚的時刻，家庭和樂，家運才會昌旺。如有長者一同進餐，一定要請長輩先用，這不但是禮貌，也有福佑晚輩的意義。

餐桌的擺法

____般六百平方公尺以上的房屋都有客廳與飯廳，因為飯廳面積不太大，可能擺放了餐桌及幾張椅子後，整個飯廳已被擠滿了。

餐桌擺設，原則上只有五個禁忌：

1. 通常客廳與飯廳都有個通道，餐桌不宜擺放在通道之上。

2. 在放好餐桌後，餐椅不宜被「燈」壓著，因為當有人坐著時，變得燈壓頭之勢。

3. 餐桌不能被大門沖，大門是納氣的地方，氣流較強。

4. 餐桌不能對廁所，廁所是穢氣和陰氣聚集的地方，不僅影響食欲，也妨礙健康。

5. 餐桌不能對廚房，廚房經常湧出油煙等，溫度又比較高，餐桌在對面，對健康不佳，脾氣也會較暴燥。

最後，當然別忘掉在餐桌附近別放太多雜物，再把餐桌稍稍佈置一下，吃飯的氣氛定會好很多。

廁所的方位學

其實，在住宅方面，廁所給我們帶來的問題是多方面的。下面我們順便把洗手間所處的位置，和相應的不良影響，做一個詳細的介紹：許多現代設計，為了所謂的「合理佈局」，把廁所和廚房，設計在大門的兩旁，或者緊挨著大門。這樣的設計會嚴重影響到居住者的身體健康，如果抽水馬桶和大門同一個朝向，容易使居住者有難治之症。

所以我們在選擇住宅的時候，對洗手間的方位，必須作詳細的勘察。

古時的茅廁，多設於後院或屋外，避免臭氣熏屋，而沒有再詳細的規限。但現今社會，廁所多設於屋內，規限可就多了。

以下是廁所的禁忌：

1. 廁所宜坐落屋內的凶方，而凶方亦不宜坐落南方。因為廁所屬水，南方屬火，水火相沖之下，必定會對屋內的人不利，例如：是非疾病、破財血光等。

2. 廁所門要長期關閉，不可讓廁所內的穢氣流出屋內。穢氣是一種氣煞，破壞力很強，可使人減低運程，思維淩亂，疾病叢生。

3. 廁所內一定要有抽風機，把廁所內的穢氣抽出街外，一方面可減輕氣煞的禍害，另一方面亦可保持廁所內空氣清新、乾爽。

4. 廁所門不可與廚房門對沖，否則會引致水火相沖的現象。

5. 廁所不可設在廚房內，這會使屋內的人易生疾病，或久病難癒。

6. 套房的廁所，尤須注意，因為位在臥室內。

應注意事項：

1. 廁所不可直沖大門。
2. 不可在大門旁。
3. 不可在房子中間。
4. 不可沖床鋪。
5. 廁所門不可對廚房門。
6. 不可在神位後面。
7. 廁所不可以在神位的樓上上面房間。
8. 不可在房子的文昌位，會污穢文昌。文昌位請參閱書房。
9. 廁所門不可對著書桌。
10. 廁所宜多擺放室內植物，或天然香料。
11. 廁所的地面絕不可以高於其他房間的地面。

衛浴的講究

現代的房屋設計，絕大部分是把廁所與浴室相聯一起，故此現在便把這兩者全並一起談談。傳統的住宅學理論，對廁所浴室的吉凶宜忌，除了指出要設在凶方之外，其他的很少提及，因而產生了不少附會的說法。到底廁所浴室有哪些需要注意的地方呢？

1. 浴廁不宜開在西南或東北方
2. 浴廁不宜開在房屋的中心
3. 浴廁不宜開在南方
4. 浴廁宜壓在凶方，忌壓在吉方
5. 浴廁地點宜隱蔽
6. 浴廁不宜改為臥室
7. 浴廁應常保持清潔
8. 浴廁應該保持空氣流通

廁所與化糞池是兩回事，不可混為一談。古時候廁所衛生較差有臭氣，所以不可在風頭。現代化廁所衛生較好，所以位置較不受拘束。廁所之馬桶座向並沒有規定方向，方便使用為原則。

執著馬桶座向是無知的行為，廁所門不可與大門入口相正沖（可貼笑臉照片在廁門化解），口舌之災多，事業不順。廁所門不可與灶位正沖，家中主婦不安，可做屏風改善。廁所門不可與臥室門正沖相對正沖，主住者多病。廁所門不可衝床位，會腰背酸痛（沖頭頭痛、沖腰腰痛、沖腳腳痛）。廁所門不可沖書桌或辦公桌，會坐不安定。廁所門不可沖神位、祖先神位，會犯小人。廁所門與二、三樓走道正沖無妨。廁所門不可沖金庫，容易耗財。廁所最好安在住家白虎為佳。廁所不要設在神位背後，尤其馬桶不可在神位後。廁所馬桶不可暗沖灶位。衛浴間設在房屋中央，此謂「穢處中宮」，此處是清潔、排汙的地方，不宜做為眾室的中心。入門直遇廁所、廁所與房門相對等都是不良的位置。

衛浴間裡的鏡和門所位於的牆面不可在南方，洗手盆、蓮蓬頭宜放在北、東北或東方。洗衣籃則最好放在西北方，馬桶可置於南方。

廁所方位不良如何改造？

以住宅來說，廁所引起凶象最叫人害怕。尤其是家宅中的北方，或者被稱之為後鬼門的東北方若設置廁所的話，將招致不良結果。

在住宅上，為了使廁所不至於帶來凶象，最好把它設置於西北、東南，或者東等方位（從房子的中心看）。

下面談幾項不宜：

1. 中心的馬桶

這是非常重要的一點，浴廁不能設在住宅的中心，其原因有三。其一、根據洛書方位，中央屬土，而浴廁屬水，如將屬水的浴廁設在屬土的中央位置，就會發生土剋水的問題；其二、浴廁設在住宅的中央，供水和排水都要通過其他房間，維修非常困難，如果排水管道也通過其他房間，就更加討厭了；其三、住宅的中心如同人的心臟，至關重要，心臟部位藏汙納垢，還能稱作吉宅嗎？

2. 睡在馬桶下面

由於現代都市地狹人稠，寸土寸金，有些家庭為了節省空間，便把其中一間浴廁改作睡房，藉以多擠住些人口，卻違反了傳統住宅學之道，嚴格來說，亦不符合環境衛生。以家相學來說，浴廁是不潔之地，應開在凶方來鎮壓凶星的，臥室鄰近浴廁已是不大適宜，更何況是把浴廁改作臥室。而且，雖然把自己那層樓的浴廁改作臥室，樓上樓下卻並不如此，把自己夾在上下兩層的浴廁之間，頗為尷尬難堪。樓上的浴廁若有污水滲漏，睡在其下的人便會首當其衝，不符合衛生之道。

3. 水火不容

許多傳統住宅學學流派都認為，浴廁不宜設在住宅的南方，其實這也和八卦方位有關，南方為離卦，五行屬火，而浴廁五行屬水，將屬水的浴廁設在屬火的南方，是浴廁剋制了火地，如同人的八字沖剋流年太歲，也是不吉的。

4.馬桶的座向

根據傳統家相學的原理，馬桶的方向不可和住宅的方向一致，比如住宅大門的方向朝南，那麼當人坐在馬桶上的時候，

143

如果面也向著南方，就是犯了馬桶與住宅同向的忌諱，據說易導致家人生疔長瘡，雖然筆者在實際勘測中並未仔細調查住戶生疔長瘡的情況，但如能免則免罷。

5. 走廊盡頭上的衛浴

如果您的住宅裡有較長的走廊，就要注意走廊和浴室的關係，浴廁只宜設在走廊的邊上，而不可設在走廊的盡頭，否則晚上如廁不方便。

6. 封閉型浴廁

一些住宅的浴廁是全封閉的，沒有窗戶，只有抽風機，而且抽風機並不是經常開啟。按照家相學的看法，浴廁中一定要有窗，最好是陽光充足，空氣流通。道理很簡單，讓濁氣更容易地排出，保持空氣新鮮。如果完全封閉，又缺少通風設備，對家人健康肯定是不利的，使用一些空氣清新劑，只是改變了空氣的味道，對空氣的質量毫無改善。

7. 大凶的浴廁

許多傳統住宅學典籍均有提到浴廁不宜設在西南或東北方，認為浴廁設在這兩個地方主大凶，這是由八卦的卦相決定的，東北方為艮卦，西南方為坤卦，其性皆屬土，而浴廁的卦相為水，將屬水的浴廁設在屬土的艮方和坤方，就會發生土剋水的不利之象，因此定其為大凶。

8. 別墅或複合式住宅的衛浴

一些別墅或是一些複合式住宅在裝修時，往往只考慮樓層平面內各房間之間的搭配，而忽視了上下樓層之間的關係，而在家相學中，上下層之間的關係也是非常重要的，比如浴廁壓在臥室之上就是糟糕之極的宅相，浴廁的濁氣下降到臥室之中，居者的身體怎麼會好呢？

9. 嵌入式浴缸

有些朋友做衛浴裝潢的時候，喜歡在浴廁砌一個高出地面一兩階的平台，再把浴缸嵌入平台，這樣的格局非常漂亮，但還是有一個小小的建議要給您，最好不要在臥室裡的浴廁採用這種格局，因為根據傳統家相學的原理，浴廁的地面不能高於臥室的地面，尤其是浴缸的位置不宜有一種高高在上的感覺，五行學說認為，水是向下流的，屬潤下格。如果您非常喜歡這樣的嵌入式浴缸，可以將它安置在其它離開臥室較遠的浴廁內。

作　　　者	八駿居士
發 行 人	林敬彬
主　　　編	楊安瑜
編　　　輯	蔡穎如
執 行 編 輯	陳德如
美 術 編 輯	李坤城
封 面 設 計	李坤城

出　　　版　大都會文化 行政院新聞局北市業字第89號
發　　　行　大都會文化事業有限公司
　　　　　　110台北市信義區基隆路一段432號4樓之9
　　　　　　讀者服務專線：(02)27235216
　　　　　　讀者服務傳真：(02)27235220
　　　　　　電子郵件信箱：metro@ms21.hinet.net
　　　　　　大 都 會 網址：www.metrobook.com.tw
郵 政 劃 撥　14050529 大都會文化事業有限公司
出 版 日 期　2007年1月初版
定　　　價　288元
ISBN 13　978-986-7651-93-8
ISBN 10　986-7651-93-6
書　　　號　Master-015

國家圖書館出版品預行編目資料

宅典/八駿居士著

-- 初版. -- 臺北市：大都會文化, 2007[民96]

面；　公分 -- （Master；15）

ISBN 978-986-7651-93-8 (平裝)
1.相宅
294.1　　　　　　　　　　95023327

First published in Taiwan in 2007 by
Metropolitan Culture Enterprise Co., Ltd.
4F-9, Double Hero Bldg., 432, Keelung Rd., Sec. 1,Taipel 110, Taiwan
Tel:+886-2-2723-5216　Fax:+886-2-2723-5220
E-mail:metro@ms21.hinet.net
Web-site:www.metrobook.com.tw

Picture Acknowledgment :
P.21, P.23, P.25, P.26, P.27, P.31, P.33, P.36, P.37,P.38, P.39, P.44,P.53, P.57,
P.58, P.59, P.60, P.62, P.63, P.64, P.65, P.66, P.67, P.68, P.73, P.77, P.80, P.82,
P.84, P.86, P.88, P.90, P.93, P.94, P.101, P.102,P.114, P.122, P.125, P.127, P.128,
P.143
　　　　　　　　　　　　　　　　　　　　　　　　　© Chen Pei Hsin
Copyright © 2007 by Metropolitan Culture

大都會文化圖書目錄

●寵物當家系列

Smart養狗寶典	380元	Smart養貓寶典	380元
貓咪玩具魔法DIY —讓牠快樂起舞的55種方法	220元	愛犬造型魔法書 —讓你的寶貝漂亮一下	260元
漂亮寶貝在你家 —寵物流行精品DIY	220元	我的陽光·我的寶貝 —寵物真情物語	220元
我家有隻麝香豬—養豬完全攻略	220元	SMART養狗寶典（平裝版）	250元
生肖星座招財狗	200元	SMART養貓寶典（平裝版）	250元

●人物誌系列

現代灰姑娘	199元	黛安娜傳	360元
船上的365天	360元	優雅與狂野—威廉王子	260元
走出城堡的王子	160元	殞逝的英格蘭玫瑰	260元
貝克漢與維多利亞 —新皇族的真實人生	280元	幸運的孩子 —布希王朝的真實故事	250元
瑪丹娜—流行天后的真實畫像	280元	紅塵歲月—三毛的生命戀歌	250元
風華再現—金庸傳	260元	俠骨柔情—古龍的今生今世	250元
她從海上來—張愛玲情愛傳奇	250元	從間諜到總統—普丁傳奇	250元
脫下斗篷的哈利 —丹尼爾·雷德克里夫	220元	蛻變 —章子怡的成長紀實	260元
強尼戴普 —可以狂放叛逆，也可以柔情感性	280元	棋聖 吳清源	280元

●心靈特區系列

每一片刻都是重生	220元	給大腦洗個澡	220元
成功方與圓—改變一生的處世智慧	220元	轉個彎路更寬	199元
課本上學不到的33條人生經驗	149元	絕對管用的38條職場致勝法則	149元
從窮人進化到富人的29條處事智慧	149元	成長三部曲	299元
脫下斗篷的哈利 —丹尼爾·雷德克里夫	220元	當成功遇見你 —迎向陽光的信心與勇氣	180元
改變，做對的事	180元	智慧沙	199元
課堂上學不到的100條人生經驗	199元		

●SUCCESS系列

七大狂銷戰略	220元	打造一整年的好業績	
		─店面經營的72堂課	200元
超級記憶術		管理的鋼盔	
─改變一生的學習方式	199元	─商戰存活與突圍的25個必勝錦囊	200元
搞什麼行銷		精明人聰明人明白人	
─152個商戰關鍵報告	220元	─態度決定你的成敗	200元
人脈=錢脈		週一清晨的領導課	160元
─改變一生的人際關係經營術	180元		
搶救貧窮大作戰 的 48條絕對法則	220元	絕對中國製造的58個管理智慧	200元
客人在哪裡？		搜驚‧搜精‧搜金 ─從 Google	
─決定你業績倍增的關鍵細節	200元	的致富傳奇中，你學到了什麼？	199元
殺出紅海		商戰奇謀36計	
─漂亮勝出的104個商戰奇謀	220元	現代企業生存寶典I	180元
商戰奇謀36計		商戰奇謀36計	
─現代企業生存寶典II	180元	現代企業生存寶典III	180元
幸福家庭的理財計畫	250元	巨賈定律─ 商戰奇謀36計	498元
有錢真好！輕鬆理財的10種態度	200元	創意決定優勢	180元

●都會健康館系列

秋養生─二十四節氣養生經	220元	春養生─二十四節氣養生經	220元
夏養生─二十四節氣養生經	220元	冬養生─二十四節氣養生經	220元
春夏秋冬養生套書	699元	寒天─ 0 卡路里的健康瘦身新主張	200元
地中海纖體美人湯飲	220元		

●CHOICE系列

入侵鹿耳門	280元	蒲公英與我─聽我說說畫	220元
入侵鹿耳門（新版）	199元	舊時月色（上輯＋下輯）	180元
清塘荷韻	280元	飲食男女	200元

●FORTH系列

印度流浪記─滌盡塵俗的心之旅	220元	胡同面孔─古都北京的人文旅行地圖	280元

尋訪失落的香格里拉	240元	今天不飛—空姐的私旅圖	220元
紐西蘭奇異國	200元	從古都到香格里拉	399元

●大旗藏史館

大清皇權遊戲	250元	大清后妃傳奇	250元
大清官宦沉浮	250元	大清才子命運	250元

●大旗藏史館

野外求生寶典 —活命的必要裝備與技能	260元	攀岩寶典 —安全攀登的入門技巧與實用裝備	260元

●大都會休閒館

賭城大贏家 —逢賭必勝祕訣大揭露	240元	旅遊達人 —行遍天下的109個Do & Don't	250元

●FOCUS系列

中國誠信報告	250元	中國誠信的背後	250元
誠信—中國誠信報告	250元		

●禮物書系列

印象花園 梵谷	160元	印象花園 莫內	160元
印象花園 高更	160元	印象花園 竇加	160元
印象花園 雷諾瓦	160元	印象花園 大衛	160元
印象花園 畢卡索	160元	印象花園 達文西	160元
印象花園 米開朗基羅	160元	印象花園 拉斐爾	160元
印象花園 林布蘭特	160元	印象花園 米勒	160元
絮語說相思 情有獨鍾	200元		

●工商管理系列

二十一世紀新工作浪潮	200元	化危機為轉機	200元
美術工作者設計生涯轉轉彎	200元	攝影工作者快門生涯轉轉彎	200元
企劃工作者動腦生涯轉轉彎	220元	電腦工作者滑鼠生涯轉轉彎	200元
打開視窗說亮話	200元	文字工作者撰錢生活轉轉彎	220元
挑戰極限	320元		
30分鐘行動管理百科（九本盒裝套書）	799元	30分鐘教你自我腦內革命	110元
30分鐘教你樹立優質形象	110元	30分鐘教你錢多事少離家近	110元

30分鐘教你創造自我價值	110元	30分鐘教你Smart解決難題	110元
30分鐘教你如何激勵部屬	110元	30分鐘教你掌握優勢談判	110元
30分鐘教你如何快速致富	110元	30分鐘教你提昇溝通技巧	110元

●精緻生活系列

女人窺心事	120元	另類費洛蒙	180元
花落	180元		

●CITY MALL系列

別懷疑！我就是馬克大夫	200元	愛情詭話	170元
唉呀！真尷尬	200元	就是要賴在演藝圈	180元

●親子教養系列

孩童完全自救寶盒（五書+五卡+四卷錄影帶）	3,490元（特價2,490元）
孩童完全自救手冊—這時候你該怎麼辦（合訂本）	299元
我家小孩愛看書	天才少年的5種能力　280元
—Happy學習easy go！ 200元	
哇塞！你身上有蟲！—學校忘了買、老師不敢教，史上最髒的教科書	250元

●新觀念美語

NEC新觀念美語教室12,450元（八本書+48卷卡帶）

◎關於買書：

1、大都會文化的圖書在全國各書店及誠品、金石堂、何嘉仁、搜主義、敦煌、紀伊國屋、諾貝爾等連鎖書店均有販售，如欲購買本公司出版品，建議你直接洽詢書店服務人員以　節省您實實時間，如果書店已售完，請撥本公司各區經銷商服務專線洽詢。

　　北部地區：(02)29007288　　桃竹苗地區：(03)2128000　　中彰投地區：(04)27081282
　　雲嘉地區：(05)2354380　　臺南地區：(06)2642655　　高雄地區：(07)3730079
　　屏東地區：(08)7376441

2、到以下各網路書店購買：
　　大都會文化網站（http://www.metrobook.com.tw）
　　博客來網路書店（http://www.books.com.tw）
　　金石堂網路書店（http://www.kingstone.com.tw）

3、到郵局劃撥：
　　戶名：大都會文化事業有限公司　帳號：14050529

4、親赴大都會文化買書可享8折優惠。

廣 告 回 函
北 區 郵 政 管 理 局
登記證北台字第9125號
免 貼 郵 票

大都會文化事業有限公司

讀 者 服 務 部　　收

110台北市基隆路一段432號4樓之9

寄回這張服務卡〔免貼郵票〕
您可以：
◎不定期收到最新出版訊息
◎參加各項回讀優惠活動

大都會文化　讀者服務卡

書號：Master-015　書名：宅典

謝謝您購買本書，也歡迎您加入我們的會員，請上大都會文化網站www.merobook.com.tw登錄您的資料，您將會不定期收到最新圖書優惠資訊及電子報。

A.您在何時購得本書：_____ 年 ____ 月 ____ 日

B.您在何處購得本書：_____ 書店，位於 _____ (市、縣)

C.您購買本書的動機：（可複選）1.□對主題或內容感興趣　2.□工作需要　3.□生活需要4.□自我進修　5.□內容為流行熱門話題　6.□其他 _____

D.您最喜歡本書的：（可複選）1.□內容題材　2.□字體大小　3.□翻譯文筆　4.□封面　5.□編排方式　6.□其他

E.您認為本書的封面：1.□非常出色　2.□普通　3.□毫不起眼　4.□其他 _____

F.您認為本書的編排：1.□非常出色　2.□普通　3.□毫不起眼　4.□其他 _____

G.您希望我們出版哪類書籍：（可複選）1.□旅遊　2.□流行文化　3.□生活休閒　4.□美容保養　5.□散文小品　6.□科學新知　7.□藝術音樂　8.□致富理財　9.□工商企管　10.□科幻推理11.□史哲類　12.□勵志傳記　13.□電影小說　14.□語言學習（____語）　15.□幽默諧趣　16.□其他 _____

H.您對本書(系)的建議：

_____

I. 您對本出版社的建議：

_____

★讀者小檔案★

姓名：_____　性別：□男 □女　生日：____年 ____ 月 ____ 日

年齡：1.□20歲以下 2.□21—30歲 3.□31—50歲 4.□51歲以上

職業：1.□學生 2.□軍公教 3.□大眾傳播 4.□服務業 5.□金融業 6.□製造業 7.□資訊業 8.□自由業 9.□家管 10.□退休

11.□其他 _____

學歷：□國小或以下 □國中 □高中／高職 □大學／大專 □研究所以上

通訊地址：_____

電話：（H）_____ （O）_____　傳真：_____

行動電話：_____ E-Mail：_____

◎ 謝謝您購買本書，也歡迎您加入我們的會員。請上大都會網站 **www.metrobook.com.tw** 登錄您的資料，您將不定期收到最新圖書優惠資訊和電子報。